# Guía de plantas para tu hogar

100 PLANTAS DE INTERIOR Y EXTERIOR

# Guía de plantas para tu hogar

CUIDADOS · DECORACIÓN · TRUCOS

**RBA**

© RBA Revistas S.L., 2025
Edición: Meritxell Huguet y Lis Marcé
Diseño: Llorenç Perello
© Fotos: Archivo RBA
© de esta edición: RBA Libros y Publicaciones, S. L. U., 2026
Avda. Diagonal, 189 - 08018 Barcelona
rbalibros.com

Primera edición: marzo de 2026

REF.: RPRA742
ISBN: 978-84-1132-644-5
DEPÓSITO LEGAL: B 1823-2026

MONTSE ARMENGOL · REALIZACIÓN

# Sumario

# DECORA TU HOGAR CON PLANTAS

# ELIGE LA MEJOR UBICACIÓN

No debería existir ningún hogar sin plantas. Dan color, limpian el aire, decoran y aportan calidez. Antes de elegirlas debes tener muy claro dónde las vas a colocar, ya que las condiciones de luz, temperatura y humedad de las diferentes estancias pueden variar. Uno de los requisitos fundamentales es contar con luz natural, por poca que sea. ¿Dispones de un rincón luminoso? Entonces podrás cultivar plantas de interior sin problemas. Estos son los mejores lugares para cada planta:

## CERCA DE LAS VENTANAS

- Es el lugar perfecto para colocar aquellas plantas de flor que necesitan mayor cantidad de luz. Muchas de ellas requieren de unas horas de sol directo cada día o de una gran luminosidad.

- Puedes ponerlas en una repisa, en un soporte para tiestos o en macetas colgantes. Harás felices a las bulbosas, al infaltable poto o a los cactus.

## ZONAS CON POCA LUZ

- En los espacios con poca luz, puedes colocar plantas que prefieren luz indirecta o tamizada. Entre ellas están la aspidistra (*Aspidistra elatior*), el cóleo (*Coleus blumei*), la cinta o malamadre (*Chlorophytum comosum* 'Variegatum') o la sansevieria, entre otras.

- También algunas plantas de flor prefieren rincones con menos luz y sin sol directo. Es el caso de la begonia (*Begonia semperflorens*), la orquídea (*Phalaenopsis spp.*) o el anturio (*Anthurium scherzerianum*).

## ESQUINAS O ZONAS ALTAS

- En los rincones, deberás ubicar variedades de plantas con menos necesidades de luminosidad.

- En lugares altos, como estanterías o maceteros suspendidos del techo, ubica plantas colgantes como la hiedra (*Hedera helix*), que no necesita demasiada luz natural.

# Plantas para el salón

Es el mayor espacio de tu casa, por lo que puedes colocar ejemplares grandes como la kentia (*Howea forsteriana*).

### ELIGE PLANTAS FÁCILES DE CUIDAR

- Algunas plantas decorativas y fáciles de cultivar son la monstera (*Monstera deliciosa*), el ficus (*Ficus benjamina*), el poto (*Epipremnum aureum*), la aspidistra (*Aspidistra elatior*), el tronco del Brasil (*Dracaena fragrans*) o la zamioculca (*Zamioculcas zamiifolia*), entre otras.

- Piensa en la luz natural que tiene tu salón para elegir las mejores especies. Valora también la temperatura y opta por plantas que crezcan bien en entornos de más de 19 o 20° C.

- En el salón, las macetas van a ser casi tan importantes como las plantas que albergan. Procura que armonicen con la decoración, en cuanto a materiales y colores.

# Plantas para la cocina

Es una estancia perfecta para cultivar plantas, si las eliges con acierto. Puedes colocarlas cerca de una ventana para que puedan disfrutar de más luz natural. Si las tienes en la encimera, cerca del fregadero, te resultará muy cómodo y fácil regarlas.

### PLANTAS QUE TE AYUDAN A CONDIMENTAR

• Crea tu propio huerto de aromáticas. Además de un rico aroma y una nota fresca y decorativa, dispondrás de los mejores aderezos para tus recetas. Cultiva romero (*Rosmarinus officinalis*), tomillo (*Thymus vulgaris*), perejil (*Petroselinum crispum*), hierbabuena (*Mentha spicata*), menta (*Mentha x piperita*) u orégano (*Origanum vulgare*), entre otras.

# Plantas para el dormitorio

Cultivar plantas de interior en tu dormitorio no va a perjudicar en absoluto tu salud. Si te gustan, apuesta por las especies adecuadas.

### PLANTAS QUE PURIFICAN EL AIRE

- Hay plantas capaces de purificar el ambiente. Te beneficiarán enormemente, ya que eliminan las sustancias tóxicas presentes en el aire. El espatifilo (*Spathiphyllum wallisii*) es una de ellas, y es muy fácil de cultivar; la cinta (*Chlorophytum comosum Variegatum*) elimina el formaldehído y otras sustancias tóxicas comunes en los hogares.

- En un dormitorio con poca luz elige el anturio (*Anthurium scherzerianum*), el poto (*Epipremnum aureum*), que resiste condiciones de luz escasa, o la orquídea (*Phalaenopsis*), muy decorativa y perfecta para interiores oscuros.

# IDEAS PARA DECORAR CON PLANTAS

Naturalidad, frescor, bienestar… Son muchas las sensaciones positivas que transmiten las plantas y con ellas podemos crear un ambiente agradable. Puedes decorar con plantas de varias maneras: con una sola planta grande protagonista o con varias pequeñas agrupadas. A continuación, tienes varios ejemplos.

### UN JARDÍN DENTRO DE CASA

- Añade plantas en aquellos rincones de tu casa que queden vacíos y desangelados y… ¡cobrarán vida!

- Crea rincones verdes. Organiza pequeños conjuntos de plantas de necesidades similares.

- Lleva las plantas colgantes a la cocina o al baño para regarlas. Cuando hayan drenado el exceso de agua, colócalas en su sitio.

- Coloca las plantas en diferentes alturas con soportes y expositores.

• Reúne unas cuantas plantas de distintos tamaños y crea un pequeño vergel en un espacio del salón. Elige especies que tengan las mismas necesidades en cuanto a luminosidad, temperatura y riego, y así será más cómodo y fácil cuidarlas.

• Atrévete a crear un jardín vertical que tapice una pared. Este tipo de estructuras no solo son adecuadas para espacios de exterior. También es posible disfrutarlos dentro de casa si dispones de una pared con suficiente luz natural y optas por las especies idóneas.

• Busca un expositor y llénalo de plantas. Puede ser una pequeña escalera de madera, una estantería baja, una mesa camarera, etc. O ponlas en estantes altos, macetas con soporte o cualquier otra estructura que te ayude a decorar con plantas la parte superior de las paredes.

• Elige bien el tamaño de las plantas de manera que estén en armonía respecto al espacio donde vas a colocarlas. Ten en cuenta su crecimiento: algunas pueden hacerse muy grandes. Juega con su altura para crear dinamismo.

• Apuesta por las plantas colgantes. Son perfectas para casas pequeñas, ya que apenas ocupan sitio. Además, resultan muy decorativas en cualquier estancia. Busca el emplazamiento adecuado, en cuanto a la luz, y cuélgalas del techo.

• Coloca varias plantas pequeñas en un cesto de fibras. Entre las especies más sencillas de cultivar y más decorativas, destacan la cinta, la hiedra (ambas en la imagen), el poto, el filodendro (*Philodendron scandens*) o la peperomia (*Peperomia rotundifolia*).

# GUÍA DE PLANTAS DE INTERIOR

# 1. PLANTAS FÁCILES DE CUIDAR

Si no tienes experiencia en jardinería, pero estás deseando cultivar tus propias plantas, estas son las especies y variedades con las que puedes estrenarte con éxito. Apenas requieren cuidados y son muy agradecidas.

NOMBRE
Aloe barbadensis

UBICACIÓN
Interior y exterior

LUZ
Pleno sol

RIEGO
Verano: 2 veces / semana
Invierno: no regar

# ALOE VERA

El aloe vera es una planta casi milagrosa. Sus hojas carnosas triangulares y con bordes dentados contienen en su interior un gel capaz de aliviar el dolor producido por quemaduras, picaduras de insectos o heridas.

- **Luz.** Crece de maravilla a pleno sol, aunque no estará de más que la cambies a la sombra al mediodía, en las épocas más calurosas.

- **Temperatura.** El aloe vera no soporta las heladas ni que el termómetro baje por debajo de 0 °C.

- **Riego.** Aguanta bien la sequía. De hecho, en invierno no tendrás que regarla, mientras que en verano debes vigilar que la tierra esté húmeda. ¿Las hojas están arrugadas? Entonces es que necesita más agua.

- **Abono.** Fertilízala en primavera y verano, mejor con un abono natural.

- **Plagas y enfermedades.** Le pueden atacar pulgones y cochinillas.

# ANTURIO

El anturio es una planta que triunfa allá donde la pongas. Además de llenar el espacio con su belleza, resulta tan fácil de cultivar que elegirla es siempre un acierto. Sorprenden sus hojas con forma de corazón de color rojo, rosa, naranja o blanco.

- **Luz.** Para que se llene de brácteas, es decir, de hojas de color, necesita un ambiente luminoso. Eso sí, la luz debe ser siempre indirecta.

- **Temperatura.** Como buena planta tropical, ama los espacios cálidos y húmedos, de entre 20 y 25 °C. Por contra, no soporta el frío por debajo de 12 °C.

- **Riego.** No conviene encharcar las raíces. Por el contrario, le gustará que la pulverices ligeramente.

- **Abono.** Usa fertilizante para plantas de hoja verde en primavera y verano. Cada 15 días será la pauta adecuada.

- **Plagas y enfermedades.** Es sensible a nematodos (gusanos que atacan a las raíces), ácaros, trips, cochinillas y pulgones.

**NOMBRE**
Anthurium

**UBICACIÓN**
Interior
y exterior

**LUZ**
Sol indirecto

**RIEGO**
Verano:
3 veces /
semana
Invierno:
1 vez / semana

**NOMBRE**
Dracaena sanderiana

**UBICACIÓN**
Interior y exterior

**LUZ**
Sol indirecto

**RIEGO**
Verano: 3 veces / semana
Invierno: 1 vez / semana

# BAMBÚ DE LA SUERTE

Seguro que lo has visto muchas veces: una vara larga y con nudos de los que surgen brotes verdes, que se cultiva en agua y que a veces termina en espiral. Es el bambú de la suerte, una planta muy resultona. Aunque crece bien en un recipiente con agua, es mejor ponerla en tierra.

- **Luz.** Estará más verde y bella si la colocas en un emplazamiento muy luminoso, pero sin sol directo.

- **Temperatura.** Soporta temperaturas entre 10 y 30 °C, aunque será más feliz en ambientes en torno a los 20 °C.

- **Riego.** Moderado. Comprueba que la tierra de la maceta está seca antes de regar. Si lo cultivas en agua, cámbiala una vez cada dos semanas en verano.

- **Abono.** No es necesario fertilizar el bambú de la suerte, solo si está débil o tiene pocos brotes.

- **Plagas y enfermedades.** Se puede ver afectada por hongos si se encharcan las raíces cultivadas en tierra. Puede sufrir plagas de cochinilla. Al mínimo signo, aplica un insecticida específico contra estas infecciones.

# CINTA

Es perfecta si estás empezando a cultivar plantas, ya que apenas necesita cuidados. Su nombre responde a sus hojas, largas y planas.

- **Luz.** Le gustan los ambientes luminosos, pero no la pongas bajo los rayos del sol, ya que podrían quemarse las hojas.

- **Temperatura.** Se encuentra como pez en el agua en entornos con una temperatura de entre 18 y 25 °C. Debes tener mucho cuidado con los golpes de calor, que pueden dañarla. Si ves que las puntas de las hojas toman un color marrón, riégala más y ponla en un sitio más fresco.

- **Riego.** Durante los meses de calor, además de regarla dos o tres veces a la semana, agradece que la pulverices de vez en cuando.

- **Abono.** Le vendrá bien un aporte de fertilizante líquido cada 15 días en primavera y verano.

- **Plagas y enfermedades.** La suelen atacar la cochinilla, el pulgón y la araña roja. Combátelos con insecticida.

**NOMBRE**
Chlorophytum comosum

**UBICACIÓN**
Interior y exterior

**LUZ**
Sol indirecto

**RIEGO**
Verano: 2 veces / semana
Invierno: 1 vez / semana

# COSTILLA DE ADÁN

**NOMBRE**
Monstera
deliciosa

**UBICACIÓN**
Exterior

**LUZ**
Sol indirecto

**RIEGO**
Verano:
2 veces /
semana
Invierno:
2 veces / mes

La costilla de Adán o *Monstera delicio-sa* se distingue por la original belleza de sus hojas llenas de orificios alargados. Descártala si tienes mascotas: es tóxica para perros y gatos.

- **Luz.** Para que esté siempre esplendorosa, no debes colocar tu monstera al alcance de los rayos directos del sol, porque sus hojas se quemarán.

- **Temperatura.** Como buena planta tropical, no le gusta pasar frío (tolera solamente hasta los 0 °C). ¿Le han salido manchas negras en las hojas? El frío ha hecho mella en ella. ¡Dale calor!

- **Riego.** No encharques la tierra en la maceta (comprueba la humedad del sustrato antes de regar).

- **Abono.** En primavera y verano, cada dos semanas. Añade al agua de riego fertilizante para plantas verdes.

- **Plagas y enfermedades.** Protégela de la cochinilla, los trips y los ácaros.

NOMBRE
Schefflera actinophylla
UBICACIÓN
Interior y exterior
LUZ
Pleno sol en invierno
RIEGO
Verano: 1 vez / semana
Invierno: 1 vez / 15 días

# CHEFLERA

Esta frondosa planta no podría ser más sencilla de cultivar. Además, purifica el aire, por lo que es una buena opción para tenerla en casa.

- **Luz.** Colócala en un lugar muy luminoso, ya que la cheflera necesita mucha luz para desarrollarse. En invierno, incluso, puedes ponerla donde reciba el sol directo. En emplazamientos oscuros pierde la hoja.

- **Temperatura.** Estará perfecta en ambientes de entre 15 y 25 °C y siempre lejos de corrientes de aire.

- **Riego.** La cheflera sufrirá si la riegas en exceso. Necesita poca agua y un buen drenaje. Pulveriza si hace mucho calor.

- **Abono.** Añade fertilizante para plantas verdes al agua de riego cada 10 días durante su época de crecimiento. Fuera de ese período bastará con abonarla una vez al mes.

- **Plagas y enfermedades.** Es bastante raro que la cheflera se vea atacada por plagas, pero no se puede descartar que le afecte el pulgón, la araña roja o la cochinilla.

| | |
|---|---|
| **NOMBRE** | Spathiphyllum |
| **UBICACIÓN** | Interior y exterior |
| **LUZ** | Sol indirecto |
| **RIEGO** | Verano: 2 veces / semana<br>Invierno: no regar |

# ESPATIFILO

El espatifilo o lirio de la paz es una planta perfecta para jardineros principiantes ya que, además de ser fácil de cultivar, hace gala de unas bellas hojas de color verde intenso y de unas flores blancas muy especiales. Además, esta planta tiene la capacidad de purificar el aire eliminando sustancias tóxicas como el benceno.

- **Luz.** Búscale un lugar luminoso donde no le lleguen los rayos directos del sol. Podrían dañarla.

- **Temperatura.** Lo ideal es que no baje de 15 °C.

- **Riego.** En los períodos de crecimiento y floración, tendrás que regarlo de manera más abundante, unas dos veces por semana. Una vez que desaparezcan sus flores, en invierno, le vendrá bien un descanso de riego de unos días.

- **Abono.** Durante la floración, cada 20 días.

- **Plagas y enfermedades.** La araña roja, los pulgones y la mosca blanca son los insectos que la atacan y contra los que debes estar vigilante.

# MARANTA

Son varios los alicientes para cultivar la maranta tricolor, una planta que procede de las selvas tropicales de Brasil. Destacan los sencillos cuidados que necesita y la belleza de sus hojas ovaladas y con vetas de varios colores.

- **Luz.** Búscale un rincón sombreado.
- **Temperatura.** Ama los ambientes cálidos, de entre 20 y 28 °C.
- **Riego.** Abundante en verano y menos frecuente en invierno. De hecho, si ves que los bordes de las hojas se ponen negros, eso es que la estás regando poco. El sustrato debe estar húmedo y también el ambiente, por lo que debes pulverizarla dos veces al día en épocas de calor.
- **Abono.** Cada diez días, desde principios de la primavera hasta el otoño. Le van bien los fertilizantes con bajo contenido en nitrógeno.
- **Plagas y enfermedades.** La araña roja y el pulgón son las plagas que sufre con mayor frecuencia.

NOMBRE
Maranta
leuconeura

UBICACIÓN
Interior
y exterior

LUZ
Pleno sol
y semisombra

RIEGO
Verano:
3 veces /
semana
Invierno:
1 vez / 15 días

# PALMERA DE SALÓN

**NOMBRE**
Chamaedorea elegans

**UBICACIÓN**
Interior y exterior

**LUZ**
Sol indirecto

**RIEGO**
Verano:
3 veces / semana
Invierno:
1 vez / mes

Aunque es una planta perfecta para cultivar en el interior, también puedes tenerla en el exterior, en el porche o la terraza. En cualquier sitio crecerá feliz y con muy pocas exigencias. Es una palmera de tallos finos que pondrá una nota tropical en tu hogar.

- **Luz.** Le encanta la luz natural, pero no el sol directo, puesto que quema sus hojas.

- **Temperatura.** Entre 18 y 25 °C. No soporta el frío.

- **Riego.** Aunque como buena planta tropical necesita ambientes húmedos, el riego debe ser moderado para no encharcar el sustrato, ya que sus raíces se pudren con facilidad. En verano, pulverízala a diario: le gusta la humedad ambiental alta.

- **Abono.** Utiliza un fertilizante para palmeras desde marzo hasta octubre.

- **Plagas y enfermedades.** Vigila la aparición de pulgón, araña roja y cochinilla.

# ZAMIOCULCA

Con tallos gruesos y hojas de color verde brillante, la zamioculca es una planta muy decorativa. Además, es resistente y no te exigirá cuidados complejos, por lo que se convierte en una opción muy buena si buscas plantas de interior.

- **Luz.** Crece bien con luz indirecta y también en espacios ligeramente oscuros. No necesita demasiada luminosidad para desarrollarse.

- **Temperatura.** No le gusta pasar frío. Por encima de los 15 ºC, tu zamioculca estará bien.

- **Riego.** Cuidado con regarla en exceso. Es una planta que acumula agua en sus hojas y tallos, por lo que si te pasas con el riego sufrirá.

- **Abono.** Regálale un plus de energía a principios de la primavera con un abono líquido.

- **Plagas y enfermedades.** Vigila la cochinilla algodonosa. Es la plaga que más le suele afectar.

NOMBRE
Zamioculcas zamiifolia

UBICACIÓN
Interior y exterior

LUZ
Semisombra y luz indirecta

RIEGO
Verano:
2 veces / semana
Invierno:
2 veces / mes

# 2. PLANTAS CON FLOR

¿Quieres llenar tu casa de alegría y color? Lo lograrás si la decoras con plantas con flor. Puedes elegir sus colores en función de los complementos decorativos de tu casa, como los cuadros, las cortinas o los cojines del sofá. Cuando llegue la primavera, se convertirán en auténticas obras de arte de la naturaleza.

**NOMBRE**
Hippeastrum spp.

**UBICACIÓN**
Interior y exterior

**LUZ**
Pleno sol

**RIEGO**
Verano: 2 veces / semana
Invierno: 1 vez / semana

# AMARILIS

Encontrarás el aliciente perfecto para cultivar esta planta bulbosa en sus grandes flores de colores que aparecen en primavera hasta principios del verano. Su floración no es muy larga, pero sí espectacular.

- **Luz.** Necesita luz directa. Los tallos crecen hacia la luz, por lo que debes girar la maceta de vez en cuando.

- **Temperatura.** No soporta el frío. Un ambiente en torno a 20 ºC es la temperatura ideal para esta planta.

- **Riego.** Hazlo cuando empiecen a brotar las hojas del bulbo. Primero, ligeramente, y ve aumentando el riego hasta que florezca. Entonces aumenta la frecuencia. Cuando termine la floración, deja de regar y conserva los bulbos en la tierra.

- **Abono.** Necesita un aporte extra de nutrientes hasta el final del verano.

- **Plagas y enfermedades.** Si tu amarilis tiene manchas rojas en las hojas, significa que sufre el ataque de hongos. También si se doblan los tallos.

NOMBRE
Begonia semperflorens
UBICACIÓN
Interior
LUZ
Pleno sol y semisombra
RIEGO
Verano: 2 veces / semana
Invierno: 1 vez / semana

# BEGONIA

Si quieres disfrutar de la belleza de esta planta tan especial, no tienes más que proporcionarle un ambiente cálido y húmedo. Con buenos cuidados, la begonia dará flores todo el año y crecerá feliz.

- **Luz.** La luminosidad que necesita la begonia depende de su variedad: algunas requieren bastante luz, mientras que otras crecen mejor en semisombra.

- **Temperatura.** No tolera el frío. Mantenla siempre protegida dentro de casa. Viven bien entre 15 y 23 °C.

- **Riego.** Debe ser frecuente, aunque moderado. Cuidado con encharcar el sustrato, solo debe estar húmedo.

- **Abono.** Durante la época de floración, le vendrá bien que la fertilices con un abono líquido para plantas de flor cada dos semanas.

- **Plagas y enfermedades.** La begonia es bastante sensible a los pulgones y al oídio, un hongo que la afecta especialmente.

NOMBRE
Clivia miniata
UBICACIÓN
Interior y exterior
LUZ
Sol indirecto
RIEGO
Verano: 1 vez / semana
Invierno: no regar

# CLIVIA

Es una planta fácil de cultivar que se llena de flores al llegar la primavera y durante todo el verano. Son grandes y de color naranja y aparecen al final de unos tallos muy largos y estilizados.

● **Luz.** Aunque le gusta estar en ambientes luminosos, el sol directo puede quemar sus hojas.

● **Temperatura.** En invierno tendrás que protegerla de las heladas. No soporta las bajas temperaturas.

● **Riego.** Prefiere los ambientes secos y necesita poca agua. Mientras exhibe flores, bastará con que la riegues una vez a la semana, teniendo cuidado de no encharcar el sustrato.

● **Abono.** Le vendrá bien un aporte de abono universal cada dos semanas.

● **Plagas y enfermedades.** La plaga que ataca a la clivia más frecuentemente es la cochinilla algodonosa. Afecta, sobre todo, a la base de las hojas, de donde debes eliminarla con un algodón impregnado en alcohol.

NOMBRE
Gardenia jasminoides
UBICACIÓN
Interior y exterior
LUZ
Abundante e indirecta
RIEGO
Verano: 2 veces / semana
Invierno: 1 vez / semana

# GARDENIA

Además de su belleza, las flores de la gardenia te regalarán un delicado aroma que inundará la habitación donde la pongas. Vida y color para tu hogar.

- **Luz.** La gardenia de interior necesita luminosidad, pero no sol directo.

- **Temperatura.** Un ambiente cálido, entre 15 y 26 °C, es perfecto para la gardenia. Sobre todo, procura que no sufra cambios bruscos de temperatura.

- **Riego.** Cuando compruebes que tiene el sustrato seco riégala con agua blanda. Para que tenga más humedad, puedes colocarla de vez en cuando sobre un plato con piedras y agua.

- **Abono.** Durante la primavera y el verano, y con una frecuencia quincenal, le vendrá bien que le aportes una dosis de fertilizante para plantas acidófilas.

- **Plagas y enfermedades.** Tendrás que vigilar la aparición de la mosca blanca, la cochinilla, la araña roja, el pulgón, los nematodos y algunos hongos.

# GUZMANIA

**NOMBRE**
Guzmania spp.

**UBICACIÓN**
Interior

**LUZ**
Sol indirecto

**RIEGO**
Verano:
3 veces /
semana
Invierno:
1 vez / semana

Esta planta de la familia de las bromelias hace gala de unas hojas de color verde intenso y de unas flores grandes y originales de un intenso rojo y naranja.

**Luz.** Necesita mucha luz para crecer adecuadamente, pero no le conviene el sol directo.

**Temperatura.** Calor y humedad es lo que necesita esta planta con flor para crecer bien. La temperatura ideal para ella está entre 15 y 20 °C.

**Riego.** Le gusta el agua descalcificada y tibia. Riégala abundantemente en verano y procura que siempre quede agua en el cogollo de la planta. También puedes pulverizarla a diario en época de calor. En invierno debes disminuir la frecuencia de riego.

**Abono.** Le irá bien un abono específico en época de crecimiento.

**Plagas y enfermedades.** Planta de gran resistencia, la guzmania no suele verse atacada por plagas ni enfermedades.

**NOMBRE**
Hibiscus rosa-sinensis
**UBICACIÓN**
Interior y exterior
**LUZ**
Abundante e indirecta
**RIEGO**
Verano: 2 veces / semana
Invierno: 1 vez / mes

# HIBISCO

El hibisco es una planta arbustiva que hace gala en verano de unas singulares flores con forma de embudo. Las de color rojo son las más frecuentes, aunque también pueden ser amarillas, rosas y naranjas.

• **Luz.** Búscale un emplazamiento bien iluminado y una vez que des con él, no la muevas, pues no le gustan los cambios.

• **Temperatura.** El hibisco debe estar a salvo del frío y del calor. En verano puedes sacarla al exterior siempre que la pongas a la sombra.

• **Riego.** Frecuente en época de floración y moderado el resto del año. Si el ambiente es seco, pulveriza la planta con agua. Si las hojas amarillean, eso indica exceso de riego.

• **Abono.** En períodos de crecimiento y floración, utiliza una vez al mes un fertilizante para plantas de flor.

• **Plagas y enfermedades.** Pueden atacarle los insectos habituales (araña roja, pulgón, cochinilla, mosca blanca, etc.), y se debe estar atento a los hongos, que atacan a las raíces.

# KALANCHOE

Es una planta con pequeñas flores de colores (blancas, amarillas, naranjas, rosas o rojas), que no resulta demasiado compleja de cuidar.

- **Luz.** Necesita mucha luz para crecer y desarrollarse. De hecho, para que la floración sea abundante, debe recibir bastantes horas de sol al día.

- **Temperatura.** Le gustan los ambientes cálidos, entre 20 y 27 °C. No soporta el frío por debajo de 10 °C.

- **Riego.** El exceso de riego es el punto débil del kalanchoe, ya que es fácil que se pudran las raíces. Conviene esperar a que se seque la tierra antes de volver a regar. Hazlo con agua tibia.

- **Abono.** En período de floración, añade cada 20 días un abono líquido al agua de riego. Así, conseguirás que produzca más flores y durante más tiempo. El resto del año bastará abonarla cada dos meses.

- **Plagas y enfermedades.** Es muy resistente a las plagas, aunque es sensible a los hongos.

NOMBRE
Kalanchoe
blossfeldiana

UBICACIÓN
Interior

LUZ
Sol intenso

RIEGO
Verano:
1 vez / semana
Invierno:
1 vez / 15 días

# ORQUÍDEA

Es una de las plantas más bellas que puedes cultivar en el interior, gracias a sus originales y exóticas flores. Aunque parece delicada, en realidad no lo es tanto. Si le das los cuidados que necesita, conseguirás que florezca cada temporada.

- **Luz.** Le va bien una alta luminosidad, aunque tamizada. Si la pones cerca de una ventana asegúrate de que los rayos del sol no le llegan de forma directa.

- **Temperatura.** Tus orquídeas estarán perfectas por encima de 15 °C y por debajo de los 35 °C. Por eso crecen felices en interiores.

- **Riego.** Moderado y con agua blanda. Ten mucho cuidado de no regarla en exceso, y pulverízala con frecuencia.

- **Abono.** Utiliza un fertilizante específico, fuera de la floración.

- **Plagas y enfermedades.** Las más frecuentes son la cochinilla, el pulgón y la araña roja. Si ves que aparecen, aplica el insecticida adecuado en cada caso.

**NOMBRE**
Phalaenopsis spp.

**UBICACIÓN**
Interior

**LUZ**
Sol indirecto, semisombra

**RIEGO**
Verano:
2 veces / semana
Invierno:
1 vez / semana

# ROSAL MINI O DE PITIMINÍ

**NOMBRE**
Rosa x hybrida

**UBICACIÓN**
Interior
y exterior

**LUZ**
Pleno sol
y semisombra

**RIEGO**
Verano:
2 veces /
semana
Invierno:
1 vez / semana

Nos gusta por su tamaño, pequeño y delicado, porque puede cultivarse tanto en el interior como en la terraza o el jardín y, sobre todo, por sus pequeñas rosas delicadas. Además, existe una gran variedad para elegir.

- **Luz.** Ama la luz indirecta, abundante pero tamizada.

- **Temperatura.** No le va bien el frío, por lo que debes protegerlo de las heladas invernales y no exponerlo a temperaturas inferiores a 5 °C.

- **Riego.** Aporta agua cuando el sustrato esté seco. En verano, aumenta la frecuencia. Pulveriza sus hojas y flores si ves que el ambiente es muy seco.

- **Abono.** Estimula su floración con un abono líquido específico diluido en el agua de riego.

- **Plagas y enfermedades.** La araña roja, el pulgón y la mosca blanca acechan a los rosales de pitiminí, así como algunas enfermedades causadas por hongos, como la roya y el oídio.

NOMBRE
Saintpaulia spp.
UBICACIÓN
Interior
LUZ
Pleno sol en invierno
RIEGO
Verano: 1 vez / semana
Invierno: 1 vez / 15 días

# VIOLETA AFRICANA

Es una planta pequeña pero muy decorativa por sus flores de intenso color morado. Son las más habituales, aunque también hay variedades de otras tonalidades.

- **Luz.** Necesita luminosidad para crecer bien. Puedes colocarla junto a una ventana soleada en otoño e invierno.

- **Temperatura.** No conviene que la expongas a ambientes fríos, por debajo de los 12 °C. Si sus hojas amarillean, la violeta pasa frío. Colócala en una zona más cálida.

- **Riego.** Una de las claves para cultivar la violeta africana es no pasarte con el riego ya que, con el exceso de agua, se pudre con mucha facilidad. Es importante que no mojes sus hojas ni sus tallos, por lo que conviene regarla por debajo, colocando la maceta en un recipiente con agua una vez cada 15 días, durante unos 15 o 20 minutos. En verano los riegos deberán ser semanales y, en cambio, en invierno quincenales.

- **Abono.** Añade al agua de riego un fertilizante líquido para plantas de flor más o menos cada tres semanas.

# 3. PLANTAS DE HOJA VERDE

Aunque no tengan flores y el verde sea su color protagonista, estas plantas son una auténtica belleza. Si sabes apreciar la originalidad de sus hojas, se convertirán en el mejor tesoro natural para decorar tu casa.

# ALOCASIA

Se la conoce con el nombre de «oreja de elefante» por la característica forma de sus hojas, muy original. Se trata de una planta tropical de fácil cultivo. Conviene trasplantarla a una maceta mayor cada dos años.

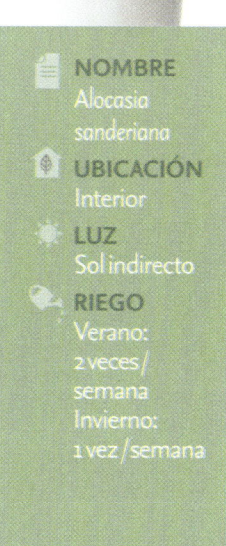

**NOMBRE**
Alocasia sanderiana

**UBICACIÓN**
Interior

**LUZ**
Sol indirecto

**RIEGO**
Verano:
2 veces/
semana
Invierno:
1 vez/semana

● **Luz.** Ten cuidado con el sol, ya que los rayos directos pueden quemar sus hojas, así que colócala en un rincón con luz, pero alejada de la ventana.

● **Temperatura.** Le gustan los ambientes cálidos. En invierno, protégela si hace mucho frío.

● **Riego.** Frecuente y abundante en verano. Agradecerá que la pulverices sin miedo, ya que necesita humedad ambiental alta.

● **Abono.** Le vendrá muy bien un aporte de abono orgánico en primavera. También puedes añadir fertilizante líquido para plantas verdes al agua de riego cada 15 días, en primavera y verano.

● **Plagas y enfermedades.** Es una planta muy resistente y no suele verse afectada por los parásitos.

# ASPIDISTRA

He aquí una planta bella, exótica y fácil de cultivar. Se trata de una especie vivaz de hoja perenne que tiene su origen en Japón y que llenará cualquier rincón de belleza y frescor.

- **Luz.** Le gustan los emplazamientos semisoleados, con luz natural, pero protegidos del sol directo. De hecho, soporta bien los entornos oscuros.

- **Temperatura.** Es importante que la protejas de las heladas, ya que no las tolera bien.

- **Riego.** Puede ser lo más difícil a la hora de cuidar la aspidistra: saber en qué medida debes regarla para no pasarte ni quedarte corto. Vigila el sustrato para que esté siempre húmedo, pero sin encharcarlo. Si notas que las hojas de la aspidistra son más estrechas de lo normal es que la estás regando poco.

- **Abono.** Utiliza un fertilizante mineral una vez al mes. Si tu aspidistra está en un lugar oscuro, con poca luz natural, abónala dos veces al mes.

- **Plagas y enfermedades.** Es sensible al ataque de cochinillas.

NOMBRE
Aspidistra elatior

UBICACIÓN
Interior
y exterior

LUZ
Semisombra

RIEGO
Verano:
1 vez / semana
Invierno:
1 vez / 15 días

**NOMBRE**
Strelitzia augusta

**UBICACIÓN**
Interior y exterior

**LUZ**
Sol indirecto, pero abundante

**RIEGO**
1 vez / semana

# AVE DEL PARAÍSO

Planta exótica, de hojas grandes y espectaculares flores anaranjadas o blancas que aparecen en verano, la *Strelitzia* te ayudará a poner una nota original y fresca a la decoración de tu casa, así como un toque tropical a cualquier rincón.

- **Luz.** En interior, el ave del paraíso es una planta que necesita mucha luz natural, sin que le den los rayos del sol directamente. Como tratará de orientarse hacia la luz, conviene girar la planta de vez en cuando.

- **Temperatura.** Al ave del paraíso le gustan los ambientes templados, aunque soporta el frío mientras sea en períodos cortos. Prefiere las temperaturas de entre 5 y 30 °C.

- **Riego.** Debe ser moderado, ya que el exceso de agua le perjudica bastante. Deja secar el sustrato y, en épocas de calor, pulverízala para refrescarla.

- **Abono.** En primavera y verano, cada 15 días y, en otoño, cada dos meses. En invierno debes de suspender el abonado.

# CALATEA

Si colocas en tu casa una calatea, se convertirá, sin duda, en el centro de atención. Es bella, frondosa y sus hojas resultan espectaculares. Además, según la variedad son diferentes en cuanto a forma y tonalidades.

**NOMBRE**
Calathea spp.

**UBICACIÓN**
Interior

**LUZ**
Semisombra

**RIEGO**
Verano:
1 vez / semana
Invierno:
1 vez / 15 días

- **Luz.** Moderada y siempre indirecta, o bien colócala a la sombra. Es importante no moverla mucho de sitio.

- **Temperatura.** Es una planta friolera a la que no le gustan nada los cambios bruscos de temperatura. Mantenla alejada, también, de las corrientes de aire.

- **Riego.** Es en el riego donde tendrás que poner toda tu atención para que la calatea esté bien. Debes mantener el sustrato húmedo y vigilar que no se encharque. Retira siempre el agua sobrante, y no mojes las hojas al regar.

- **Abono.** En primavera y verano, un aporte cada 15 días.

- **Plagas y enfermedades.** Vigila el ataque de la araña roja y de la cochinilla. Si aparecen, ataja el problema con un insecticida adecuado.

# DIEFEMBAQUIA

Esta planta tropical es muy fácil de cuidar. Sus hojas ovaladas jaspeadas en diferentes tonos de verde y amarillo son una belleza.

- **Luz.** Necesita mucha luz, pero debe estar lejos del sol directo.

- **Temperatura.** La diefembaquia crece mejor en ambientes cálidos, con temperaturas que no bajen de 16 °C ni suban de 25 °C. Mantenla a salvo de las corrientes de aire.

- **Riego.** Tendrás que regarla de forma moderada, vigilando el sustrato de la maceta para añadir agua cuando esté seco. Puedes pulverizar sus hojas para aportar humedad. En invierno, el riego ha de ser menor.

- **Abono.** Añade un fertilizante líquido al agua de riego cada 15 días, de abril a septiembre, y una vez al mes en invierno.

- **Plagas y enfermedades.** La cochinilla algodonosa y la araña roja son las plagas más habituales que afectan a esta planta.

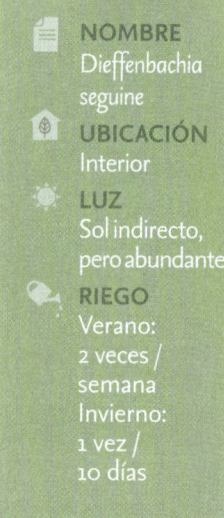

NOMBRE
Dieffenbachia seguine

UBICACIÓN
Interior

LUZ
Sol indirecto, pero abundante

RIEGO
Verano:
2 veces /
semana
Invierno:
1 vez /
10 días

# FICUS LYRATA

Sus hojas grandes, verdes y elegantes son un buen aliciente para cultivar esta planta en interior, ya que decora cualquier rincón donde la pongas.

- **Luz.** Aunque necesita buena iluminación, no tolera el sol directo.

- **Temperatura.** Le gustan los climas cálidos, con temperaturas que no bajen de 15 °C.

- **Riego.** Mucho cuidado con el exceso de agua: puede ser fatal para tu ficus. Lo mejor es esperar a que se seque la tierra de la maceta antes de volver a regar. Ten en cuenta que esta planta soporta mejor la sequía que el encharcamiento; el exceso de humedad puede provocar la caída de las hojas. Pero si hace mucho calor, puedes pulverizar.

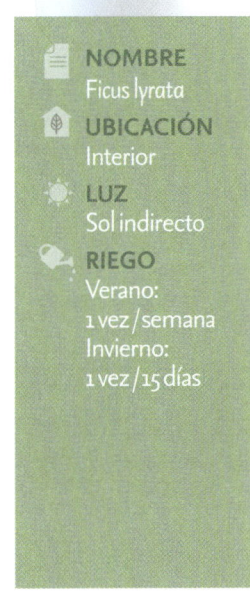

NOMBRE
Ficus lyrata

UBICACIÓN
Interior

LUZ
Sol indirecto

RIEGO
Verano:
1 vez / semana
Invierno:
1 vez / 15 días

- **Abono.** Cada 15 o 20 días en verano con fertilizante líquido. En invierno, bastará con una vez al mes.

- **Plagas y enfermedades.** Vigila la aparición de araña roja. La detectarás por las telarañas en el envés de las hojas. Si el daño es grave, tendrás que combatirla con un acaricida.

**NOMBRE**
Fittonia verschaffeltii

**UBICACIÓN**
Interior

**LUZ**
Semisombra

**RIEGO**
Verano: 3 veces / semana
Invierno: 1 vez / semana

# FITONIA

Lo que más nos gusta de la fitonia son sus hojas con los nervios marcados en blanco sobre el verde, que puede ser más o menos intenso según la variedad. Es una planta de cuidados sencillos que no te exigirá mucha atención.

- **Luz.** No es nada exigente con la luz. Puede crecer tranquilamente en entornos oscuros.

- **Temperatura.** Le gustan los emplazamientos cálidos, en los que la temperatura no baje de 15 °C ni suba de 27 °C. Si esto último ocurre, le vendrá bien que la pulverices con agua para refrescarla.

- **Riego.** Le gustan las aguas blandas, sin cal, y preferiblemente tibia. Riégala unas tres veces por semana en verano y una vez en invierno, siempre teniendo cuidado de no encharcar.

- **Abono.** Necesitará un fertilizante líquido diluido en el agua de riego cada dos semanas.

- **Plagas y enfermedades.** El pulgón y la araña roja son las plagas que suelen atacarla con mayor frecuencia.

# KENTIA

¿Te gustaría decorar el interior de casa con una palmera? La kentia puede ser la alternativa perfecta: es una planta de crecimiento lento y fácil de cultivar, puesto que se adapta de maravilla al entorno. Eso sí, necesitarás un rincón amplio para colocarla.

- **Luz.** Se desarrolla perfectamente con poca luz natural. Si ves que las hojas amarillean es debido a un exceso de luz; cámbiala de lugar.

- **Temperatura.** No aguanta temperaturas muy extremas, pero sí heladas ligeras. Su temperatura ideal oscila entre los 20 y 25 °C.

- **Riego.** No debes pasarte con el riego. Bastará con uno o dos aportes de agua a la semana en verano y una vez al mes en invierno.

- **Abono.** Aplica fertilizante líquido de marzo a octubre, cada 10 días.

- **Plagas y enfermedades.** Con un riego excesivo, se vuelve sensible a los hongos como, por ejemplo, el oídio.

**NOMBRE**
Howea forsteriana

**UBICACIÓN**
Interior

**LUZ**
Semisombra

**RIEGO**
Verano:
2 veces / semana
Invierno:
1 vez / mes

# PEPEROMIA

**NOMBRE**
Peperomia obtusifolia 'Variegata'

**UBICACIÓN**
Interior

**LUZ**
Pleno sol y semisombra

**RIEGO**
Verano: 1 vez / 10 días
Invierno: 2 veces / mes

Si tu salón no es muy grande, pero no quieres renunciar a adornarlo con plantas, la peperomia puede ser tu gran aliada porque, además de decorativa, es de pequeño tamaño. Sus hojas, redondas y carnosas, exhiben distintos tonos de verde.

- **Luz.** Búscale un lugar luminoso donde no le lleguen de forma directa los rayos del sol. Mantenla fuera de corrientes de aire.

- **Temperatura.** Es una planta sensible al frío y a las heladas, por lo que no conviene que la temperatura baje de 10 °C.

- **Riego.** Debe ser muy escaso. Las hojas de la peperomia actúan como un pequeño almacén de agua, por lo que no debes pasarte con el riego.

- **Abono.** En primavera y verano, vendrá bien una dosis de energía en forma de abono líquido.

- **Plagas y enfermedades.** Es resistente a las plagas, aunque puede verse afectada por podredumbre en la base del tallo, principalmente.

# YUCA DE INTERIOR

¿Estás buscando una planta exótica para decorar tu casa? La yuca puede ser una buena opción, con su tronco leñoso y sus hojas alargadas. Se trata de una planta muy resistente que apenas necesita cuidados.

- **Luz.** Si quieres que crezca sana, tendrás que buscarle un emplazamiento muy luminoso, con mucha luz natural.

- **Temperatura.** No soporta las temperaturas bajas. De hecho, si la tienes a menos de 16 °C, la yuca detiene su crecimiento.

- **Riego.** De moderado a escaso. Bastará con un riego semanal en verano y cada 20 días en invierno. La yuca resiste mejor la sequía que el exceso de agua, así que procura no pasarte con el riego ni encharcar la maceta.

- **Abono.** En verano, le vendrá bien un abono para plantas verdes cada cinco días en verano, aunque tampoco conviene pasarse con la dosis de fertilizante porque podrían quemarse las hojas.

**NOMBRE**
Yucca elephantipes

**UBICACIÓN**
Interior

**LUZ**
Pleno sol

**RIEGO**
Verano:
1 vez / semana
Invierno:
1 vez / mes

# 4. PLANTAS PARA ZONAS OSCURAS

Estas plantas son muy resistentes y no les afecta la falta de luz. Consiguen aportar al interior de la casa ese aire natural y fresco que tanto te gusta, aunque las condiciones lumínicas no sean las mejores.

NOMBRE
Aglaonema commutatum
UBICACIÓN
Interior
LUZ
Semisombra, oscuridad
RIEGO
Verano: 2 veces / semana
Invierno: 1 vez / 10 días

# AGLAONEMA

Se trata de una planta herbácea originaria del sudeste asiático. Sus hojas, de gran belleza, son verdes con vetas de un color blanco amarillento, muy ornamentales. Esto la convierte en una planta de interior muy apreciada.

• **Luz.** No tiene grandes necesidades de luz. Se adapta bien a ambientes poco luminosos, y tolera los rincones oscuros. Evitar el sol directo es fundamental, pues puede quemar sus hojas.

• **Temperatura.** Se encuentra de maravilla en ambientes de entre 16 y 25 °C. La temperatura mínima para ella está en torno a 7 °C.

• **Riego.** Debe ser moderado: un par de aportes a la semana en verano, y un único riego semanal en invierno. Es fundamental esperar a que el sustrato se seque. Lo que sí necesitará es que la pulverices con frecuencia.

• **Abono.** Solamente es necesario en primavera y verano.

• **Plagas y enfermedades.** Es una planta muy resistente al ataque de las plagas, que no suelen afectarle.

# DRÁCENA

¿Tu casa es poco luminosa? Entonces la drácena será una planta de interior perfecta para ti, ya que se adapta de maravilla a los rincones oscuros.

- **Luz.** Crecerá sin problemas en emplazamientos con poca luz natural.

- **Temperatura.** No le gusta el frío. Por debajo de 14 °C, la drácena comienza a sufrir. Para ella la temperatura ideal oscila entre 22 y 26 °C.

- **Riego.** Cuidado con los excesos; no necesita mucha cantidad de agua. De hecho, no es conveniente que la tierra esté siempre húmeda, sino que debes dejar que se seque entre riego y riego para evitar que las raíces se pudran.

- **Abono.** Añade un abono líquido una vez a la semana en primavera y verano. Sigue las instrucciones del fabricante para no pasarte con la dosis.

- **Plagas y enfermedades.** Los insectos que suelen afectar a la drácena son la cochinilla y la araña roja, a los que les gustan los ambientes secos. Para prevenir su aparición, conviene pulverizar a menudo con agua tibia.

NOMBRE
Dracaena marginata

UBICACIÓN
Interior

LUZ
Poca luz y semisombra

RIEGO
Verano: 2 veces / semana
Invierno: 1 vez / semana

# HELECHO CULANTRILLO

**NOMBRE**
Adiantum capillus-verenis

**UBICACIÓN**
Interior

**LUZ**
Semisombra

**RIEGO**
Verano:
2 veces/
semana
Invierno:
1 vez/semana

¿Piensas que los helechos no son adecuados para cultivar en interiores? El culantrillo viene para convencerte de lo contrario; necesita tan pocos cuidados que es un acierto incorporarlo a tu casa.

● **Luz.** Evita los lugares muy luminosos; prefiere la semisombra. Ten en cuenta que es una planta originaria de frondosos y tupidos bosques.

● **Temperatura.** Necesita vivir en espacios cálidos, por lo que en invierno prefiere estar en el interior. Sin embargo, debes protegerlo del calor de los radiadores, porque lo resecan.

● **Riego.** Requiere de mucha humedad. Cuida que el sustrato esté siempre húmedo y riégala sumergiéndola en un recipiente con agua y dejando que la absorba durante unos minutos.

● **Abono.** Durante los meses de calor, aporta abono universal o materia orgánica cada dos semanas.

● **Plagas y enfermedades.** Pueden aparecer hongos por riego excesivo.

# SANSEVIERIA

Es una de las plantas de interior más decorativas que puedes encontrar, por la forma de sus hojas alargadas y su color verde con matices grisáceos. Además, es casi indestructible, y apenas te demandará cuidados.

- **Luz.** Puede vivir en lugares oscuros, aunque se frena ligeramente su crecimiento y genera menos hojas.

- **Temperatura.** Aguanta perfectamente los ambientes cálidos. En invierno no le gustan las temperaturas inferiores a 15 °C.

- **Riego.** Aporta agua solamente cuando el sustrato esté seco.

- **Abono.** Es aconsejable fertilizar la sansevieria una vez al mes en primavera y verano, sin pasarse con la cantidad. Utiliza un abono para plantas crasas diluido en el agua de riego.

- **Plagas y enfermedades.** Vigila que no aparezcan síntomas de cochinilla algodonosa. Puede sufrir enfermedades causadas por hongos, como mildiu o botritis, que habrá que tratar con fungicidas.

**NOMBRE**
Sansevieria trifasciata

**UBICACIÓN**
Interior

**LUZ**
Semisombra

**RIEGO**
Verano:
1 vez /
10 días
Invierno:
1 vez / mes

# 5. PLANTAS QUE LIMPIAN EL AIRE

Un estudio de la NASA publicado en 1989 afirmaba que algunas plantas tienen la capacidad de mejorar la calidad del aire de los interiores. Sus conclusiones siguen vigentes. Cualquiera de las especies que te explicamos a continuación son un buen aliado para eliminar del ambiente sustancias tóxicas, como el formaldehído o el benceno.

NOMBRE
Ficus benjamina
UBICACIÓN
Interior
LUZ
Luminosidad sin sol directo
RIEGO
Verano: 2 veces / semana
Invierno: 1 vez / semana

# FICUS ENANO

¿Quién no ha tenido alguna vez un ficus en casa? Si es tu caso, ya sabrás que, aunque es fácil de cultivar, debes darle los cuidados que necesita para que crezca saludable. El ficus es una de las plantas que, según la NASA, purifica el ambiente de tu casa limpiándolo de formaldehído y xileno.

- **Luz.** Necesita un espacio bien iluminado, aunque no conviene que le lleguen los rayos directos del sol.

- **Temperatura.** No soporta el frío ni las heladas. Le gusta estar en entornos de entre 13 y 24 ºC.

- **Riego.** Debe ser regular y continuado en la época de crecimiento, sin dejar que se seque el sustrato. Si se seca demasiado, la planta perderá las hojas.

- **Abono.** Utiliza un fertilizante para plantas de hoja verde, aplicándolo en primavera y verano cada 15 días.

- **Plagas y enfermedades.** El ficus suele reaccionar ante los problemas de plagas o enfermedades perdiendo todas sus hojas, aunque después las recupera.

**NOMBRE**
Nephrolepis exaltata
**UBICACIÓN**
Interior
**LUZ**
Luminosidad indirecta
**RIEGO**
Verano: 1 vez / semana
Invierno: 1 vez / 15 días

# HELECHO ESPADA

Es una planta frondosa, muy verde y elegante, y fácil de cultivar. Tiene la capacidad de limpiar sustancias tóxicas del ambiente, concretamente el formaldehído.

- **Luz.** Búscale un emplazamiento con buena iluminación, pero no bajo los rayos del sol directo. Escoge entornos húmedos, como el cuarto de baño.

- **Temperatura.** La situación ideal para el helecho espada es aquella en la que la temperatura oscila entre los 19 y los 21 °C. Sin embargo, soportará ambientes fríos, hasta 0 °C. En invierno, debes tener la precaución de pulverizar sus hojas, ya que el ambiente se reseca con la calefacción.

- **Riego.** Riega tu helecho espada de forma moderada y siempre por capilaridad. Pon la maceta en un recipiente con agua para que la planta absorba el agua durante unos minutos y después deja escurrir el exceso.

- **Abono.** Le vendrá bien un aporte de fertilizante universal para plantas de interior. Añádelo al agua de riego una vez al mes durante el período de crecimiento de la planta.

# HIEDRA COMÚN

**NOMBRE**
Hedera helix

**UBICACIÓN**
Interior/
exterior

**LUZ**
Semisombra

**RIEGO**
Verano:
2 veces /
semana
Invierno:
1 vez /
semana

Esta trepadora tan habitual en las casas (y en los jardines) es una de las plantas que mejor limpian el aire, ya que eliminan el tricloretileno, el formaldehído, el benceno y el xileno.

**Luz.** Le gustan los espacios luminosos, pero puede estar en rincones oscuros.

**Temperatura.** Se desarrolla mejor en climas templados, con temperaturas que oscilan entre los 12 y 20 ºC. No aguanta las heladas.

**Riego.** Es importante mantener la tierra húmeda, pero vigilando que no se encharque. En verano, programa dos aportes de agua a la semana, y una vez a la semana para el resto del año.

**Abono.** Fertilizante líquido en primavera y verano. Un aporte cada 15 días es la frecuencia aconsejable.

**Plagas y enfermedades.** Los hongos se manifiestan con manchas en las hojas. Si aparecen, elimina las hojas afectadas y trata la planta con fungicidas. En cuanto a las plagas, le atacan el pulgón, la araña roja, la cochinilla y los trips.

# PALMERA ENANA

De porte fino y elegante, es una palmera perfecta para cultivar en interiores debido a su pequeño tamaño y su crecimiento lento. Además, te ayuda a mantener el ambiente limpio de determinadas sustancias tóxicas, como el formaldehído o el xileno.

- **Luz.** Cuando se cultiva como planta de interior, debe estar en un emplazamiento muy luminoso.

- **Temperatura.** No aguanta el frío de forma continuada. En invierno, debes protegerla de las bajas temperaturas.

- **Riego.** Dos riegos semanales es la frecuencia perfecta para verano, mientras que en invierno basta con que la riegues dos veces al mes. Si el ambiente en tu casa es muy seco, pulveriza la palmera todos los días.

- **Abono.** Le vendrán bien un par de aportes de fertilizante al mes durante el verano.

**NOMBRE**
Phoenix roebelenii

**UBICACIÓN**
Interior y exterior

**LUZ**
Mucha luminosidad

**RIEGO**
Verano: 2 veces / semana
Invierno: 2 veces / mes

NOMBRE
Epipremnum aureum
UBICACIÓN
Interior
LUZ
Semisombra
RIEGO
Verano: 1 vez / semana
Invierno: 1 vez / 15 días

# POTO

No hay planta de interior más popular que el poto, tan presente desde siempre en las casas. Y no es de extrañar, puesto que es sencilla de cultivar, muy decorativa y, además, capaz de eliminar del aire los restos de formaldehído, benceno y otras sustancias tóxicas.

- **Luz.** Exige un ambiente luminoso, pero sin sol directo.

- **Temperatura.** Aunque soporta el frío moderado (de hasta 10 °C), prefiere las temperaturas de interior, de entre 15 y 21 °C. Importante: mantenlo alejado de las corrientes de aire, ya que le perjudican bastante.

- **Riego.** Debe ser moderado. Si te pasas con el riego, se encharcará el sustrato y eso afectará a las raíces.

- **Abono.** Esta planta necesitará una dosis de energía en forma de abono durante el verano. Añade un fertilizante líquido al agua de riego cada dos semanas.

- **Plagas y enfermedades.** Controla la aparición de araña roja y cochinilla pulverizando la planta con frecuencia.

# TRONCO DEL BRASIL

Esta planta de interior es perfecta si quieres respirar un ambiente saludable en casa, ya que lo limpia de sustancias potencialmente tóxicas como el benceno, el tricloroetileno y el formaldehído. En interior no florece, pero en su hábitat original produce una bella y fragante flor blanca.

- **Luz.** Para desarrollarse plenamente, el tronco del Brasil necesita una buena iluminación. Eso sí, colócalo lejos de los rayos directos del sol.

- **Temperatura.** Prefiere los ambientes cálidos. Entre 22 y 26 °C es su rango de temperatura ideal.

- **Riego.** No le aportes demasiada agua. En verano, bastará con un par de riegos semanales. En invierno, riégalo una vez cada diez días. Le encantan los ambientes húmedos, por lo que agradecerá que lo pulverices frecuentemente con agua tibia.

- **Abono.** Añade al agua de riego abono para plantas verdes dos veces al mes.

**NOMBRE**
Dracaena fragrans

**UBICACIÓN**
Interior

**LUZ**
Luminosidad sin sol directo

**RIEGO**
Verano:
2 veces / semana
Invierno:
1 vez / 10 días

# 6. CRASAS, CACTUS Y SUCULENTAS

Puede que creas que los cactus y demás plantas crasas son indestructibles. Pero, aunque requieren pocos cuidados, hay que saber comprenderlas para cultivarlas con éxito. Su extraña belleza es un aliciente para hacerles un hueco en casa.

# ÁGAVE ATENUADO

**NOMBRE**
Agave attenuata

**UBICACIÓN**
Interior
y exterior

**LUZ**
Sol directo
y semisombra

**RIEGO**
Verano:
2 veces /
semana
Invierno:
1 vez / 15 días

Originaria de México y de otras zonas de América, el ágave es una planta suculenta ideal para cultivar en zonas de clima seco y caluroso. Tiene la particularidad de que contribuye a limpiar el aire de formaldehído, por lo que siempre es buena idea para cultivar en interior.

- **Luz.** Le gusta la luz directa. La variedad atenuada prefiere también algo de sombra.

- **Temperatura.** Es muy resistente al frío. Soporta sin que le afecte temperaturas de hasta -2 °C.

- **Riego.** No necesita mucha agua. De hecho, soporta bien la sequía, adaptándose al entorno con gran éxito. Si la cultivas en maceta, riégala una vez cada quince días. En verano, aumenta el riego a dos aportes semanales.

- **Plagas y enfermedades.** Por lo general, no sufre el ataque de insectos ni de hongos. Solo tendrás que protegerla de los caracoles.

# ÁRBOL DE JADE

Esta planta originaria de Sudáfrica se caracteriza por sus tallos gruesos y sus hojas carnosas de forma ovalada. No requiere cuidados complejos.

- **Luz.** Coloca tu árbol de Jade en una habitación luminosa, donde pueda disfrutar de entre 4 y 6 horas de luz al día.

- **Temperatura.** Es una planta estoica, soportará climas calurosos y también bajas temperaturas, incluso con heladas, siempre que sean secos. En cambio, vigila las corrientes de aire, porque la perjudican bastante.

- **Riego.** Escaso y siempre sin encharcamientos. Espera a que el sustrato se seque por completo antes de volver a regar. Y mucho cuidado con mojar sus hojas, ya que es muy sensible al exceso de humedad y se pudriría.

- **Abono.** Emplea un fertilizante para cactus en primavera y verano.

- **Plagas y enfermedades.** Cuando el ambiente es muy seco, puede sufrir el ataque de la cochinilla algodonosa.

**NOMBRE**
Crassula ovata

**UBICACIÓN**
Interior y exterior

**LUZ**
Sol directo y semisombra

**RIEGO**
Verano: cada 5 días
Invierno: cada 15 días

NOMBRE
Echeveria elegans
UBICACIÓN
Interior
LUZ
Sol indirecto
RIEGO
Verano: 1 vez / semana
Invierno: cada 3 semanas

# ECHEVERIA

Muy apreciada por su belleza, presenta un sinfín de variedades, muchas de ellas procedentes de América Central y del Sur. Sus hojas carnosas crecen en forma de roseta y se encuentran en muchos colores, desde el rosa pálido hasta el púrpura intenso, pasando por varios tonos de verde.

- **Luz.** Necesita mucha claridad y algo de sol directo, sin estar siempre a pleno sol, ya que sus hojas se quemarían.

- **Temperatura.** La echeveria se encuentra feliz en un rango de temperatura de entre 15 y 27 °C. No soporta el frío por debajo de 13 °C. Protégela de las corrientes de aire frío.

- **Riego.** Abundante y regular, esperando siempre a que se seque el sustrato, porque se pudre con facilidad. El agua provoca manchas, así que es mejor evitar salpicaduras.

- **Abono.** Usa fertilizantes naturales como el humus, y evita, sobre todo, los abonos ricos en nitrógeno.

- **Plagas y enfermedades.** Es muy sensible a la cochinilla, que provoca que le aparezcan manchas parduzcas en el envés de las hojas.

# EUFORBIA

Esta planta tiene su origen en el África sudoriental. Es perfecta para principiantes, ya que su cultivo no presenta complicación alguna. Si la tratas bien, estará esplendorosa.

- **Luz.** Necesita mucha luz, pero no directa. Si la expones a los rayos del sol, aparecerán manchas.

- **Temperatura.** No tolera el frío, no sobrevive a menos de 10 ºC. Búscale un lugar en el que esté entre 20 y 28 ºC.

- **Riego.** Es importante no excederse con el riego, por lo que conviene vigilar el sustrato y aportar agua solo cuando esté completamente seco. Puedes hacer riegos profundos, pero espaciados en el tiempo, y evitando encharcamientos.

- **Abono.** Durante los meses más cálidos, necesitará un aporte extra de nutrientes. Usa fertilizante especial para crasas y cactus.

- **Plagas y enfermedades.** Si la planta está seca, puede sufrir el ataque de la mosca blanca. Un riego excesivo provoca hongos.

**NOMBRE**
Euphorbia candelabrum

**UBICACIÓN**
Interior

**LUZ**
Sol indirecto

**RIEGO**
Verano:
1 vez / semana
Invierno:
no regar

NOMBRE
Haworthia fasciata

UBICACIÓN
Interior y exterior

LUZ
Sol directo y semisombra

RIEGO
Verano: 1 vez / semana
Invierno: cada 3 semanas

# HAWORTIA

Se trata de una suculenta perfecta para cultivar en maceta, que animará cualquier rincón sin apenas exigencias en lo que a su cuidado se refiere. De pequeño tamaño, es originaria de Sudáfrica. Sus hojas, de color verde oscuro con líneas blancas, son muy decorativas.

- **Luz.** Necesita mucha luz natural. Si la pones cerca de una ventana, pero guardando cierta distancia, ve girándola de vez en cuando para que le dé la luz en todas las zonas por igual. Si la cultivas en el exterior puedes ponerla en semisombra.

- **Riego.** Debe ser escaso, y algo más frecuente en verano. Facilítale un sustrato con buen drenaje, que con el riego no se encharque, y asegúrate de que riegas cuando está completamente seco. Evita mojar sus hojas para que no se pudran.

- **Abono.** Específico para cactus y suculentas, en primavera y verano.

- **Plagas y enfermedades.** Vigila que no la ataquen caracolas y babosas. También debes protegerla de la cochinilla.

NOMBRE
Sedum

UBICACIÓN
Interior

LUZ
Pleno sol

RIEGO
Verano: 1 vez / 15 días
Invierno: no regar

# SEDUM

Es una planta suculenta muy apreciada por la original forma de sus ramas. Procedente del sur de Europa, de África Central y de México, existen muchas variedades.

- **Luz.** Exige mucha luminosidad, incluso sol directo.

- **Temperatura.** Soporta el calor, pero no el frío intenso. Por debajo de 10 °C la planta comienza a sufrir.

- **Riego.** Cuando el sustrato esté seco, puedes mojarlo abundantemente y dejar que escurra el exceso de agua (sin encharcamientos). Espera a que la tierra vuelva a secarse totalmente antes de volver a regar. En otoño e invierno conviene suspender los riegos hasta la primavera.

- **Abono.** Durante los meses cálidos del año, añade abono líquido al agua de riego una vez al mes.

- **Plagas y enfermedades.** Vigila los signos de pudrición por exceso de riego, así como la aparición de cochinillas. Si detectas esta plaga, puedes eliminarla retirando los pequeños insectos con un algodón empapado en alcohol.

# 7. CÓMO CULTIVAR BONSÁIS

Un bonsái no es una especie particular de planta, sino un árbol cultivado de una determinada manera en la que se controla su forma y crecimiento. La propia palabra bonsái significa «árbol en maceta». Pero su cultivo no es tan complejo como parece. Todos podemos tener bonsáis en casa si elegimos las especies adecuadas y dominamos ciertas técnicas.

Es recomendable empezar con especies autóctonas, que estén adaptadas al entorno y que requieran cuidados sencillos. Otra opción es elegir los bonsáis más comunes que te ofrezcan en las tiendas especializadas y centros de jardinería pues suelen ser los más fáciles de cultivar en interior. Algunos de ellos son el ficus enano (*Ficus benjamina L.*), el árbol de Jade (*Crassula*), el aligustre (*Ligustrum*) o la carmona (*Carmona microphylla*). En cualquier caso, conocer a fondo las especies y sus necesidades te ayudará a triunfar.

Escoger bien la maceta es muy importante, ya que puede condicionar el crecimiento de tu bonsái. Sus medidas deben de ser acordes con el tamaño del arbolito. Si es redonda, su diámetro debe ser de un tercio de la altura del bonsái y, si es rectangular, la longitud debe ser dos tercios de la altura. Elige la maceta con un fondo ligeramente mayor al diámetro del tronco en su base.

Finalmente, encuentra para tu arbolito la mejor ubicación en tu hogar. En interior, la mayoría de los bonsáis necesitan un entorno luminoso, pero sin sol directo, a salvo de temperaturas extremas y corrientes de aire.

## TÉCNICAS ESENCIALES

- **Poda y pinzado.** Recortar las ramas y brotes de tu arbolito es la manera de controlar su crecimiento. Así conseguirás reducir el tamaño de sus hojas y mantener su forma. La poda se realiza sobre las ramas ya formadas, mientras que el pinzado consiste en recortar los brotes nuevos que van surgiendo.

- **Para evitar infecciones.** Cuando podes las ramas de tu bonsái, no te olvides de poner un poco de pasta cicatrizante en el corte, que encontrarás en tiendas especializadas. Esto le ayudará a sanar antes y evitará infecciones.

- **Alambrado o cableado.** Consiste en sujetar de forma temporal algunas de las ramas del bonsái con unos alambres especiales. El objetivo es lograr que el aire y la luz natural lleguen a todas las zonas del árbol, así como conseguir que las ramas tomen una forma determinada. Normalmente, las ramas se dejan alambradas hasta que se vuelven fuertes, con una consistencia leñosa. Este proceso se conoce como *lignificación*.

- **La sujeción.** Se realiza sobre ramas más gruesas y rígidas, sujetándolas con abrazaderas y tornillos.

# GUÍA DE PLANTAS DE EXTERIOR

# 1. PLANTAS PARA LA TERRAZA

Al exterior las plantas reciben mucho sol y están expuestas a las condiciones climatológicas, por lo que se requieren especies resistentes. Aquí tienes una selección que te ayudará a elegir las especies que vas a cultivar en tu terraza o balcón.

NOMBRE
*Phyllostachys aurea*

UBICACIÓN
Exterior

LUZ
Semisombra

RIEGO
Verano: 3 veces / semana
Invierno: 2 veces / semana

# BAMBÚ DORADO

¿Necesitas una planta para formar un seto en tu terraza? El bambú es una buena opción, ya que es de fácil cultivo y resulta perfecta para crear una pantalla vegetal de ocultación. Pertenece a la familia de las gramíneas y ofrece una gran variedad para elegir.

- **Luz.** Conviene proteger la planta de los rayos del sol si inciden sobre ella de manera directa.

- **Temperatura.** Se trata de una planta resistente que aguanta bien el calor y el frío.

- **Riego.** Debe ser regular, elevándolo a tres o cuatro riegos semanales en zonas de altas temperaturas.

- **Abono.** Para que tu bambú crezca de forma correcta y saludable, es importante que lo abones con frecuencia en primavera y verano.

- **Plagas y enfermedades.** Aunque es bastante resistente a las plagas y a las enfermedades, en ocasiones puede sufrir el ataque de ácaros, araña roja, cochinilla y pulgones. Combátelos con el insecticida adecuado en cada caso.

**NOMBRE**
Caléndula officinalis
**UBICACIÓN**
Exterior
**LUZ**
Sol directo
**RIEGO**
Verano: 4 veces / semana
Invierno: 2 veces / semana

# CALÉNDULA

Es una planta ideal para la terraza y el jardín, ya que resiste sin problemas las temperaturas extremas, tanto el frío como el calor. Su larga floración, desde inicios del verano hasta el final del otoño, llenará el espacio de su tono naranja intenso.

- **Luz.** Le gusta estar a pleno sol. En zonas de semisombra también puede crecer, aunque su floración se resentirá.

- **Temperatura.** El calor y el frío extremo no son un problema para la caléndula, ya que puede sobrevivir a heladas de hasta -3 °C y al calor intenso.

- **Riego.** Necesita un aporte de agua constante y regular, pero es muy sensible a los encharcamientos; si ves que tiene el sustrato húmedo, espera unos días más antes de regarla.

- **Abono.** Añade un abono para plantas de flor cada dos semanas mientras dura el período de floración.

- **Plagas y enfermedades.** Los insectos que más afectan a la caléndula son el pulgón, la mosca blanca y la cochinilla, entre otros.

NOMBRE
Pelargonium spp.

UBICACIÓN
Exterior

LUZ
Sol directo y semisombra

RIEGO
Verano: 2 veces / semana
Invierno: 1 vez / semana

# GERANIO

Si estás buscando una planta de exterior que dé vida a tus balcones, el geranio es la especie más adecuada. Perfecta para cultivar en la terraza, se llenará de flores en primavera y verano alegrando el espacio con sus colores.

- **Luz.** Necesita mucha luz para crecer y florecer, mejor si se trata de sol directo, aunque tolera estar en semisombra.

- **Temperatura.** No le va bien el frío ni las heladas, por lo que deberás protegerlo si las temperaturas bajan de los 10 °C.

- **Riego.** Durante el verano, el geranio requiere de riegos abundantes dos veces a la semana como mínimo. En otoño e invierno bastará con que lo riegues una vez a la semana.

- **Abono.** Si quieres fortalecer tus geranios, añade fertilizante para plantas de flor en el agua de riego cada quince días durante la floración.

- **Plagas y enfermedades.** La mosca del geranio o mariposa africana es muy agresiva y resulta letal si no la atajas a tiempo. En su fase de oruga, agujerea tallos y hojas. Combátela podando las plantas y con un insecticida adecuado.

NOMBRE
Chamaerops humilis

UBICACIÓN
Exterior

LUZ
Sol directo

RIEGO
Verano: 3 veces / semana
Invierno: 1 vez / 15 días

# PALMITO

Es una palmera pequeña y tupida, de crecimiento lento, que puede cultivarse en maceta. Tiene las hojas redondeadas y alcanza entre 1 y 4 metros de altura. Es perfecta para zonas cálidas y secas.

- **Luz.** Si hay algo que le gusta al palmito es crecer a pleno sol, por lo que estará de maravilla en una terraza orientada al sur.

- **Temperatura.** Debes protegerla del frío, ya que no soporta temperaturas por debajo de -5 ºC. Si se avecinan heladas, cúbrela con plásticos para evitar que sufra.

- **Riego.** En función de la pauta de riego, tu palmito será más alto y estilizado (si lo riegas de forma abundante) o más bajo y tupido (si los riegos son más escasos). Soporta bien la sequía.

- **Abono.** Refuerza los nutrientes del terreno con un poco de compost en otoño. Si lo tienes plantado en maceta, proporciónale un fertilizante mineral tres o cuatro veces al año.

- **Plagas y enfermedades.** No suelen ser un problema para el palmito.

NOMBRE
Viola tricolor
UBICACIÓN
Exterior
LUZ
Sol directo y semisombra
RIEGO
Verano: 2 veces / semana
Invierno: cada 3 días

# PENSAMIENTO

Es una planta anual de temporada que florece en invierno y que hace gala de una gran variedad de colores. Además, es muy fácil de cultivar y no necesita cuidados complejos.

- **Luz.** No es exigente; puede crecer al sol o en semisombra.

- **Temperatura.** Aunque le gustan los climas fríos y soporta bien las heladas, tampoco sufre demasiado en verano con las altas temperaturas.

- **Riego.** Durante la época de floración, debes regarla cada tres días aproximadamente, procurando que la tierra esté siempre húmeda, y teniendo cuidado de no encharcarla.

- **Abono.** Una vez al mes, o cada dos meses, le vendrá bien un aporte de fertilizante para plantas de flor. Sigue las instrucciones del fabricante para no excederte con la dosis, algo que no beneficia en absoluto a las plantas.

- **Plagas y enfermedades.** El pensamiento es bastante sensible a las plagas y a hongos como el oídio. Si aparece, tendrás que controlar la humedad del terreno y usar un fungicida específico.

NOMBRE
Rhododendron
UBICACIÓN
Exterior
LUZ
Semisombra
RIEGO
Verano: cada 2 días
Invierno: 1 vez / semana

# RODODENDRO

Si hay un rasgo que define al rododendro es, sin duda, la abundante cantidad de flores que produce, así como la variedad que presenta. Para favorecer la floración de esta planta arbustiva tan prolífica, debes plantarla en suelos ricos en componentes ácidos.

- **Luz.** Más que el pleno sol, le gusta la luz indirecta.

- **Temperatura.** Se adapta de maravilla a casi cualquier clima, aunque es sensible a las heladas en invierno.

- **Riego.** Debe ser más abundante en verano y menos en invierno. Ten cuidado de no pasarte con el riego, porque el rododendro no soporta el encharcamiento. Necesita un suelo con un buen drenaje para crecer feliz.

- **Abono.** Le vendrá bien que la fertilices en otoño con un abono especial para plantas de flor.

- **Plagas y enfermedades.** Vigila especialmente la aparición de orugas y, si se produce, trátalas con insecticida.

# 2. PLANTAS TREPADORAS

Decorar una pérgola en el jardín, crear pantallas de ocultación o adornar muros y fachadas. Hay muchas razones para elegir y cultivar plantas trepadoras. Con flor o sin flor, encontrarás especies de gran belleza y sencillos cuidados.

NOMBRE
Bougainvillea spp.

UBICACIÓN
Exterior

LUZ
Sol directo

RIEGO
Verano: 1 vez / semana
Invierno: 1 vez / 15 días

# BUGANVILLA

Si por algo es apreciada esta trepadora tan especial es, sin duda, por su espectacular floración capaz de llenar de color tu jardín durante una gran parte del año, desde la primavera hasta el otoño.

● **Luz.** La buganvilla es una planta resistente y con pocas exigencias. Puede que la luz sea una de las pocas que presenta, ya que necesita estar en un lugar muy luminoso y soleado.

● **Temperatura.** Esta planta crece de maravilla en zonas de clima mediterráneo, ya que resiste muy bien el calor. El frío, por otro lado, tampoco la hace sufrir demasiado.

● **Riego.** Soporta bien la escasez de agua. Bastará con un aporte semanal incluso en verano.

● **Abono.** Crecerá mejor con un fertilizante líquido para plantas de flor. Aplícalo cada dos semanas en primavera y verano.

● **Plagas y enfermedades.** Es resistente a las plagas, pero hay que vigilar la aparición de pulgón, mosca blanca o araña roja, para erradicarlos cuanto antes.

NOMBRE
Clematis spp.
UBICACIÓN
Exterior
LUZ
Semisombra
RIEGO
Verano: cada 2 días
Invierno: 1 vez / semana

# CLEMÁTIDE

La clemátide es una preciosa planta trepadora de llamativas flores. Aunque tiene fama de invasora, no te planteará ningún problema si la podas adecuadamente.

• **Luz.** Para que esté a gusto, la clemátide debe estar en semisombra. Aunque sus ramas y hojas pueden soportar el sol, conviene que las raíces estén a la sombra ya que el sustrato debe estar húmedo.

• **Temperatura.** Se trata de una planta resistente a los cambios bruscos de temperatura, y también al frío intenso.

• **Riego.** Le va bien un riego frecuente, aunque moderado. Debes ser especialmente cuidadoso con no encharcar el terreno.

• **Abono.** Para que se desarrolle de la mejor manera posible, es conveniente enriquecer el sustrato con una mezcla de abono orgánico y mineral. Existen diferentes opciones que funcionan mejor o peor según la variedad.

• **Poda.** La clemátide es una planta de crecimiento rápido. Con la poda podrás controlarla fácilmente.

**NOMBRE**
Wisteria

**UBICACIÓN**
Exterior

**LUZ**
Sol directo y semisombra

**RIEGO**
Verano: cada 2 días
Invierno: 1 vez / semana

# GLICINIA

¿Necesitas una trepadora para cubrir muros y pérgolas? La glicinia es un arbusto trepador bello y fácil de cultivar. Tienes diferentes variedades para elegir, entre las que destacan la glicinia china (*Wisteria sinensis*) y la glicinia japonesa (*Wisteria floribunda*). La primera, la más habitual, es de hoja caduca y florece a finales de la primavera con unas bellas flores de color violeta o malva que caen en forma de racimos.

- **Luz.** Se desarrolla igual de bien a pleno sol o en semisombra. Con 4 horas de sol al día tiene suficiente.

- **Temperatura.** Es muy resistente a las heladas y también a las temperaturas extremas.

- **Riego.** Mejor que sea regular, en especial si se trata de una planta joven o estamos en verano, cuando el calor aprieta.

- **Abono.** Le conviene un aporte de nutrientes en la floración, ya sea compost para el suelo o abonos minerales.

- **Plagas y enfermedades.** Vigila el ataque de pulgón y cochinilla. Ten cuidado con el exceso de humedad, ya que favorece la aparición de hongos como el oídio.

NOMBRE
Hedera helix
UBICACIÓN
Exterior e interior
LUZ
Semisombra
RIEGO
Verano: 2 veces / semana
Invierno: 1 vez / semana

# HIEDRA COMÚN

Si estás buscando una trepadora para tu jardín que sea resistente y no te demande muchos cuidados, la hiedra es una buenísima opción que, además, decorará tus muros y estructuras con sus hojas verdes.

- **Luz.** Si el clima es muy caluroso, conviene ubicarla en semisombra.

- **Temperatura.** Se desarrolla mejor en climas templados, con temperaturas de entre 12 y 20 °C. No aguanta las heladas.

- **Riego.** Muy escaso en invierno. En verano hay que regarla un poco más. Es importante mantener la tierra húmeda, pero vigilando que no se encharque.

- **Abono.** Haz un aporte de materia orgánica en primavera, o abona con un fertilizante para plantas verdes.

- **Poda.** Es una planta de rápido crecimiento y, para controlarlo, es importante podarla a finales de verano.

**NOMBRE**
Jasminum polyanthum
**UBICACIÓN**
Exterior
**LUZ**
Semisombra
**RIEGO**
Verano: 4 veces / semana
Invierno: 1 vez / semana

# JAZMÍN CHINO

Es una trepadora de crecimiento rápido que hace gala de unas flores pequeñas y blancas, muy aromáticas. Es una buena alternativa para cubrir muros y paredes y llenar el jardín de un perfume muy especial. En zonas cálidas, florece desde enero hasta mediados de verano.

- **Luz.** Aunque crece sin problemas en una ubicación de sombra parcial, necesita algo de luminosidad.

- **Temperatura.** Es una planta de carácter rústico que resiste heladas y temperaturas de hasta -5 °C.

- **Riego.** Debe ser moderado, en especial en climas frescos y húmedos. En verano, es conveniente incrementar el riego para que la planta pueda combatir el calor. Lo mejor es mantener el sustrato húmedo teniendo cuidado de no encharcarlo.

- **Abono.** Desde el inicio de la primavera hasta el final del verano, no estará de más aportar al jazmín abono orgánico en el suelo o un fertilizante adecuado.

NOMBRE
Lonicera caprifolium

UBICACIÓN
Exterior

LUZ
Sol indirecto

RIEGO
Verano: 2 veces / semana
Invierno: cada 5 días

# MADRESELVA

Si necesitas cubrir paredes, muros y pérgolas, es buena idea recurrir a trepadoras como la madreselva, ya que crece rápidamente y es bastante tupida. Uno de sus mayores encantos son sus flores primaverales, muy bellas y con una rica fragancia.

● **Luz.** Necesita mucha luz para desarrollarse de forma óptima, pero debe ser indirecta. No soporta el sol directo.

● **Temperatura.** La madreselva puede resistir heladas de hasta -15 °C.

● **Riego.** Apuesta por un riego regular y ten cuidado de no encharcar el terreno. Riégala cada tres días en verano y cada cinco días el resto del año.

● **Plagas y enfermedades.** No es demasiado sensible a las plagas, excepto al ataque del pulgón, que suele aparecer en verano. Si la madreselva está muy afectada por esta plaga, deberás utilizar un insecticida adecuado para combatir el problema.

NOMBRE
Parthenocissus

UBICACIÓN
Exterior

LUZ
Semisombra

RIEGO
Verano: 2 veces / semana
Invierno: 1 vez / 15 días

# PARRA VIRGEN

La parra virgen o parra de Virginia es una trepadora que pertenece a la familia de la vid. Su mayor encanto reside en sus hojas, que cambian de color con el paso de las estaciones: desde un precioso verde en primavera hasta un espectacular rojo en otoño. En invierno las pierde, ya que es una especie de hoja caduca.

- **Luz.** No la plantes a pleno sol. Mejor búscale un rincón en sombra total o en semisombra.

- **Temperatura.** Es muy tolerante con el clima, y se adapta bien tanto al frío como al calor.

- **Riego.** Necesita un riego regular. Mantén el suelo húmedo, pero es importante no encharcarlo.

- **Abono.** Le vendrán bien dos aportes al año, en otoño y a finales del invierno. Si el primero es de abono orgánico, el segundo puede ser un fertilizante mineral de liberación lenta.

- **Plagas y enfermedades.** La parra virgen es muy resistente, pero puede verse amenazada por la araña roja o la cochinilla. Si detectas estas plagas, utiliza un insecticida.

NOMBRE
Passiflora caerulea
UBICACIÓN
Exterior
LUZ
Sol directo
RIEGO
Verano: 3 veces / semana
Invierno: 1 vez / semana

# PASIONARIA

La pasionaria o flor de la pasión es una planta de origen tropical que produce unas espectaculares flores muy exóticas y originales al llegar el verano. Su impresionante floración puede extenderse hasta el otoño.

- **Luz.** Necesita mucha luz, por lo que debes plantarla a pleno sol, alejada de árboles que puedan hacerle sombra.

- **Temperatura.** El rango de temperatura que le gusta a la pasionaria oscila entre 5 y 25 °C. Debes protegerla del frío, especialmente cuando se trate de ejemplares jóvenes.

- **Riego.** Necesita un riego regular y abundante para un buen crecimiento.

- **Abono.** Aporta fertilizante, pero de forma moderada ya que, si te pasas, la floración será menor.

- **Plagas y enfermedades.** Es importante vigilar el ataque de pulgones, cochinillas y ácaros.

# 3. PLANTAS AROMÁTICAS

Plantar un pequeño huerto de plantas aromáticas es una actividad de lo más recomendable. No solo te servirá para disfrutar al aire libre y para liberar estrés, sino que también te proporcionará ricos condimentos para tus recetas.

# ALBAHACA

**NOMBRE**
Ocimum basilicum

**UBICACIÓN**
Exterior

**LUZ**
Pleno sol y semisombra

**RIEGO**
Verano: a diario
Invierno: 3 veces / semana

Esta planta exhibe hojas muy bellas de un intenso y brillante color verde, y destila un aroma muy especial y agradable. Una característica que la diferencia es que es capaz de ahuyentar a los mosquitos, ya que su perfume actúa como repelente natural. Por eso es buena idea plantar albahaca y tenerla cerca en primavera y verano. También es aconsejable cultivarla cerca del huerto, puesto que aleja a los pulgones y a la mosca blanca.

- **Luz.** Necesita bastante sol para crecer y desarrollarse adecuadamente, aunque en verano prefiere la semisombra.

- **Temperatura.** Protégela del frío y de las heladas. Tampoco la expongas al viento ni a corrientes de aire. Si la cultivas en maceta, trasládala al interior cuando bajen las temperaturas.

- **Riego.** Riegos frecuentes para mantener el sustrato húmedo, pero sin encharcarlo. En verano, riego diario.

- **Plagas y enfermedades.** Suelen ser causadas por hongos, como mildiu o botritis. Trátalas con fungicidas.

**NOMBRE**
Foeniculum vulgare
**UBICACIÓN**
Exterior
**LUZ**
Pleno sol
**RIEGO**
Verano: 3 veces / semana
Invierno: 1 vez / semana

# HINOJO

El hinojo es una planta herbácea que presenta un bulbo blanco en la base del tallo del que salen las hojas. Tiene muchos usos culinarios y se emplea fundamentalmente en recetas de pescado. Cultivarla es sencillo y desprende un aroma intenso muy característico.

- **Luz.** Le gusta el sol; por lo que, si lo plantas a pleno sol, verás cómo se desarrolla con fuerza y energía.

- **Temperatura.** Ni demasiado frío, ni mucho calor. Al hinojo le gustan las temperaturas medias, entre 15 y 23 °C.

- **Riego.** Debe ser regular, abundante y frecuente, porque no tolera bien la sequía.

- **Plagas y enfermedades.** Puede sufrir enfermedades provocadas por hongos, como la botritis. Dado que es una planta que atrae a las mariquitas, esto ayuda a combatir otras plagas como los pulgones, más dañinas para el huerto y el jardín.

NOMBRE
Lavandula angustifolia

UBICACIÓN
Exterior

LUZ
Pleno sol y semisombra

RIEGO
Verano: 1 vez / semana
Invierno: 1 vez / 15 días

# LAVANDA

Es la reina de las plantas aromáticas o, al menos, una de las más bellas y perfumadas. Puedes cultivarla en tu jardín, ya que es una planta rústica y resistente que, además de un rico aroma, en verano te regalará una bella estampa gracias a sus flores alargadas de un precioso color azulado. También puedes plantarla en maceta.

- **Luz.** Le encantan los espacios soleados. Tanto en el jardín como cultivada en maceta, búscale un rincón luminoso.

- **Temperatura.** No es exigente con respecto a las temperaturas. Resiste los climas fríos y las heladas suaves.

- **Riego.** Debe ser muy moderado. La lavanda tolera bien la sequía, pero no tanto los encharcamientos del terreno. Por tanto, riega con mucho cuidado de no pasarte.

- **Plagas y enfermedades.** Es muy resistente a las plagas de insectos y a las enfermedades. De hecho, difícilmente le afectarán si la cuidas como necesita.

| | NOMBRE |
|---|---|
| | Mentha x piperita |
| | UBICACIÓN |
| | Exterior |
| | LUZ |
| | Semisombra |
| | RIEGO |
| | Verano: a diario |
| | Invierno: 4 veces / semana |

# MENTA

Muy empleada en la cocina para aromatizar un sinfín de recetas y preparaciones, siempre es buena idea cultivar menta, ya sea en el jardín o en una maceta en la terraza. Su fragancia intensa y rica es una delicia.

● **Luz.** Lo mejor es que la menta esté plantada en un rincón en semisombra, expuesta al sol pero sin que sus rayos le alcancen de forma directa, pues demasiada exposición solar puede secar sus hojas. Si vas a sembrarla en primavera o verano, lo mejor es que la coloques mirando al este. Tendrá sol por la mañana y sombra por la tarde.

● **Temperatura.** Es una planta resistente tanto al frío como al calor, pero logra su desarrollo óptimo entre 18 y 25 °C.

● **Riego.** Debe ser regular. En verano es importante aumentar la frecuencia de los aportes de agua para combatir las altas temperaturas.

● **Poda.** La menta puede resultar un tanto invasiva, por lo que no está de más podarla de vez en cuando para controlar su expansión y crecimiento.

# ORÉGANO

Además de ser una planta estupenda para cultivar dentro y fuera de casa, el orégano es un condimento muy sabroso para un largo repertorio de recetas. ¿Qué sería de los platos de pasta sin orégano? Además, tiene propiedades digestivas y antiinflamatorias. Hay una gran cantidad de variedades, aunque el más común es el de hoja verde (también pueden ser amarillas o tener brácteas rosas).

- **Luz.** Crece muy bien en una zona soleada, pero también puedes plantarlo en semisombra.

- **Temperatura.** No soporta el frío. El orégano ama los climas templados con temperaturas que oscilan entre los 20 y los 30 °C. Por otra parte, protégelo de las lluvias invernales.

- **Riego.** Requiere un riego escaso y es importante mantener el sustrato bien drenado. El encharcamiento puede acabar pudriendo sus raíces.

- **Abono.** Le vendrá de maravilla un par de aportes de materia orgánica al año.

**NOMBRE**
Origanum vulgare

**UBICACIÓN**
Interior y exterior

**LUZ**
Pleno sol y semisombra

**RIEGO**
Verano: 2 veces / semana
Invierno: 1 vez / semana

# ROMERO

Indispensable en la cocina, sus hojas son el aderezo que necesitan un sinfín de recetas. Además, es una planta perfecta para perfumar el jardín, gracias al aroma especial que destila. Al llegar la primavera, se llena de pequeñas flores azules. Es una planta resistente que crece bien en todo tipo de suelos.

- **Luz.** Necesita mucha luz y sol directo.
- **Temperatura.** El romero vive bien en climas templados y cálidos. No resiste bien los cambios bruscos de temperatura.
- **Riego.** El aporte de agua debe ser escaso. Y el suelo ha de estar bien drenado, ya que es una planta que sufre con los encharcamientos.
- **Plagas y enfermedades.** Es sensible a los hongos, por lo que hay que vigilar muy bien el exceso de humedad. Si aparece algún síntoma, lo mejor es tratarlo de inmediato con un fungicida adecuado.
- **Poda.** Recórtala con frecuencia para potenciar la aparición de nuevos brotes.

**NOMBRE**
Rosmarinus officinalis

**UBICACIÓN**
Exterior

**LUZ**
Pleno sol

**RIEGO**
Verano: 2 veces / semana
Invierno: 1 vez / semana

NOMBRE
Salvia officinalis
UBICACIÓN
Exterior
LUZ
Pleno sol
RIEGO
Verano: 3 veces / semana
Invierno: 2 veces / semana

# SALVIA

Si estás buscando una aromática resistente para cultivar en el jardín, puedes elegir la salvia, un arbusto de hoja perenne que requiere cuidados muy sencillos, especialmente si la plantas en zonas soleadas. Florece desde finales de primavera hasta mediados de verano, y tiene la propiedad de repeler los mosquitos.

- **Luz.** Necesita mucho sol directo para crecer feliz.
- **Temperatura.** Si vives en un lugar de clima cálido, con temperaturas altas y benignas, la salvia se desarrollará sin problemas. Es una planta resistente, que puede soportar heladas hasta los -7 °C.
- **Riego.** Debes regar la salvia unas dos o tres veces a la semana.
- **Poda.** Dado que la salvia es un tanto invasiva, conviene controlar su crecimiento mediante la poda. Recórtala para mantenerla en el tamaño adecuado.

**NOMBRE**
Thymus vulgaris
**UBICACIÓN**
Exterior
**LUZ**
Pleno sol
**RIEGO**
Verano: 1 vez / semana
Invierno: 1 vez / 15 días

# TOMILLO

Además de ser una aromática muy útil como condimento en la cocina, es también una planta medicinal con diversas aplicaciones. Se trata de un arbusto leñoso que puedes plantar en el jardín o cultivar en maceta y mide entre 10 y 30 cm. Está integrado por más de 300 especies.

- **Luz.** Búscale un emplazamiento a pleno sol y crecerá saludable.

- **Temperatura.** Le encanta el clima mediterráneo, ya que soporta muy bien el calor. El frío le gusta menos. Vive bien con temperaturas de entre 8 y 24 °C.

- **Riego.** No es exigente en absoluto con la necesidad de agua. De hecho, soporta muy bien la sequía. Riega tu tomillo una vez cada diez días aproximadamente, siempre vigilando que el terreno no quede demasiado encharcado.

- **Abono.** Si utilizas fertilizantes, evita los minerales que son ricos en nitrógeno, ya que hacen que el tomillo sea más sensible y vulnerable a las heladas.

# 4. PLANTAS CON FLOR

Las flores son el elemento que verdaderamente dota de encanto y color a un jardín. La lista de plantas de flor que puedes cultivar con éxito es infinita (ya te hemos mostrado alguna). Aquí tienes más sugerencias entre las que elegir.

NOMBRE
Agapanthus africanus
UBICACIÓN
Exterior
LUZ
Pleno sol y semisombra
RIEGO
Verano: 4 veces / semana
Invierno: 2 veces / semana

# AGAPANTO

El agapanto es una planta fácil de cuidar que te regalará una abundante floración en los meses de verano. Las flores, de pequeño tamaño, componen ramilletes esféricos muy vistosos de color blanco o azul.

- **Luz.** Puedes potenciar su floración plantándola a pleno sol, pero si el clima es muy caluroso, estará mejor a la sombra.
- **Temperatura.** Es resistente al frío pero, si el termómetro baja de -8 °C, el agapanto sufre y pierde las hojas. Protege las raíces en invierno con un acolchado, cubriendo el suelo con corteza de pino o mantillo.
- **Riego.** En primavera y verano riega tus agapantos de forma abundante, pero sin encharcar el sustrato, que debe estar siempre húmedo.
- **Abono.** A finales del invierno, agradecerá un aporte de materia orgánica en el sustrato, como humus de lombriz o estiércol. Utiliza un abono líquido en primavera una vez cada dos semanas.
- **Plagas y enfermedades.** Caracoles y babosas son las plagas habituales. Si ves agujeros en las hojas, actúa cuanto antes.

NOMBRE
Rhododendron japonicum
UBICACIÓN
Exterior e interior
LUZ
Pleno sol
RIEGO
Verano: a diario
Invierno: 2 veces / semana

# AZALEA

¿Necesitas una planta de exterior que florezca abundantemente en primavera? Apuesta por la azalea, cuyas flores son grandes y de diferentes colores: rojo, blanco, rosa...

**Luz.** La azalea necesita mucha luz para desarrollarse correctamente. Búscale un lugar luminoso, pero sin sol directo. Un espacio en semisombra sería la mejor ubicación.

**Temperatura.** Ama los climas templados y húmedos, y no soporta los cambios drásticos de temperatura. En invierno necesitará que la protejas del frío y de las heladas.

**Riego.** Debe ser frecuente, procurando no encharcar el terreno. Riega la planta por capilaridad, desde abajo, nunca sus hojas.

**Abono.** Aplica un fertilizante rico en hierro y potasio para prevenir la clorosis férrica (carencia de hierro) que suele afectar a la azalea.

**Plagas y enfermedades.** Le suelen atacar plagas de arañas y orugas. También debes tener cuidado con el exceso de humedad, que puede provocar la aparición de moho.

# CLAVELINA

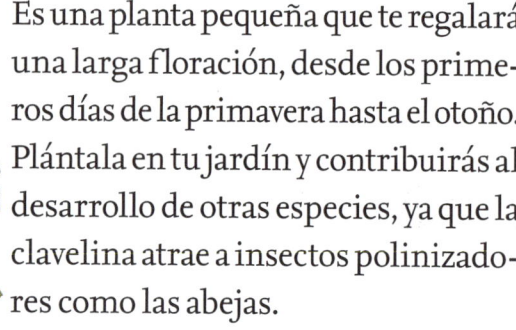

Es una planta pequeña que te regalará una larga floración, desde los primeros días de la primavera hasta el otoño. Plántala en tu jardín y contribuirás al desarrollo de otras especies, ya que la clavelina atrae a insectos polinizadores como las abejas.

**NOMBRE**
Dianthus chinensis

**UBICACIÓN**
Exterior

**LUZ**
Pleno sol

**RIEGO**
Verano: a diario
Invierno:
1 vez / semana

- **Luz.** La mejor ubicación es un rincón luminoso, ya que necesita unas 4 o 5 horas de luz solar al día para crecer esplendorosa. Puede estar a pleno sol.

- **Riego.** Es fundamental mantener la humedad del sustrato, pero sin encharcarlo. En verano, la clavelina necesitará riego diario. En invierno, riégala una vez por semana.

- **Abono.** En primavera y verano diluye un fertilizante en el agua de riego para nutrir la planta, cada 15 días.

- **Plagas y enfermedades.** Pulgones y cochinillas son los insectos que suelen atacar a la clavelina. Si la humedad es excesiva, suele presentar problemas de hongos y enfermedades como la botritis o la que causa el hongo *phytophthora*.

NOMBRE
Hydrangea macrophylla
UBICACIÓN
Exterior
LUZ
Sombra
RIEGO
Verano: a diario
Invierno: cada 2 días

# HORTENSIA

De grandes y bellas flores, la hortensia es una planta perfecta para climas húmedos y poco soleados. De porte arbustivo y tamaño medio, ofrece numerosas variedades.

- **Luz.** Es una planta perfecta para jardines con poco sol. No soporta los rayos solares directos.

- **Temperatura.** Prefiere temperaturas suaves y benignas todo el año.

- **Riego.** Necesita un riego abundante y diario, sobre todo durante los meses de verano. El resto del año bastará con aportes de agua en días alternos. Utiliza agua blanda para que no suba el pH del sustrato, porque le perjudica bastante.

- **Abono.** Desde febrero hasta junio, para lograr una floración más abundante.

- **Plagas y enfermedades.** Si ves en las hojas un polvo blanco es que está siendo atacada por el oídio. Utiliza un fungicida para combatirlo. Si las hojas de tu hortensia amarillean es porque sufre clorosis férrica o falta de hierro. Utiliza un fertilizante rico en hierro y potasio para prevenirlo.

**NOMBRE**
Paeonia
**UBICACIÓN**
Exterior
**LUZ**
Semisombra
**RIEGO**
Verano: 2 veces / semana
Invierno: 1 vez / semana

# PEONÍA

La belleza delicada de las flores de la peonía es ya una razón poderosa para plantarla en tu jardín. Esta especie originaria de Asia comprende numerosas variedades, todas fuertes, resistentes y con flores atractivas.

- **Luz.** Necesita al menos seis horas de sol al día para florecer en las mejores condiciones, siempre y cuando no esté en una zona muy calurosa. En ese caso, mejor en semisombra.

- **Temperatura.** Es resistente ante los climas duros. Tolera bien el frío.

- **Riego.** Ha de ser regular: dos veces a la semana en primavera y verano, y solamente una en invierno. Ten la precaución de no encharcar el sustrato.

- **Abono.** Utiliza (con moderación) un fertilizante para planta de flor.

- **Plagas y enfermedades.** Es sensible al ataque de los hongos, como el moho gris o la botritis. Riégala con cuidado.

- **Poda.** En otoño le vendrá bien una poda para eliminar las ramas viejas.

**NOMBRE**
Petunia x hybrida
**UBICACIÓN**
Exterior
**LUZ**
Pleno sol y semisombra
**RIEGO**
Verano: a diario
Invierno: 2 veces / semana

# PETUNIA

Pocas plantas son tan populares en los jardines como la petunia, gracias a su facilidad de cultivo y a la alegría que transmiten sus flores con forma de trompeta y vivos colores: blanco, rosa, rojo, violeta, amarillo...

● **Luz.** Busca un rincón soleado para plantar tus petunias, ya que la luz intensa fomenta su floración. También crece feliz en semisombra, siempre que reciba al menos cuatro horas de sol al día.

● **Temperatura.** No tolera el frío y las heladas, y prefiere los climas cálidos en verano y en invierno. Los ambientes secos son sus favoritos.

● **Riego.** Si el clima es muy caluroso, las petunias necesitarán un riego más frecuente que si es húmedo. Ten la precaución de no mojar las hojas ni las flores al regar.

● **Abono.** Necesitará una dosis extra de nutrientes en forma de abono durante la época de crecimiento y floración, desde la primavera hasta que termine el otoño. Diluye el fertilizante en el agua de riego cada dos semanas.

# PRÍMULA O PRIMAVERA

**NOMBRE**
Primula

**UBICACIÓN**
Exterior

**LUZ**
Semisombra

**RIEGO**
Verano:
2 veces /
semana
Invierno:
1 vez / semana

Se trata de una pequeña planta de temporada cuyo género comprende muchas variedades con flores rojas, rosas, blancas, amarillas o azules.

- **Luz.** El mejor emplazamiento es un espacio en semisombra; los rayos intensos del sol le perjudican bastante.

- **Temperatura.** Protégela del frío cuando las temperaturas caigan por debajo de 0 ºC o las heladas sean muy intensas.

- **Riego.** Riégala de forma abundante sin encharcar el terreno. No dejes que se seque la tierra entre riego y riego. La prímula no soporta la sequía.

- **Abono.** Si quieres que tu prímula florezca más y mejor, utiliza un abono específico cada dos semanas en cuanto aparezcan las primeras flores.

- **Plagas y enfermedades.** Al primer síntoma del ataque de la mosca blanca o la araña roja, combátelos con un insecticida. Modera el riego si aparecen hongos.

NOMBRE
Rosa

UBICACIÓN
Exterior

LUZ
Pleno sol

RIEGO
Verano: a diario
Invierno: no regar

# ROSA

Es la reina en cualquier jardín. Una flor bellísima que, además de alegrar el ambiente, lo perfumará con sus exquisitas flores. Antes de plantarlos, aprende los cuidados de los rosales. Si sigues las recomendaciones de los expertos, lograrás que crezcan esplendorosos.

- **Luz.** Una de las claves para cultivar rosales es escoger el lugar que les garantice al menos seis horas de sol al día.

- **Temperatura.** Protege los rosales de las heladas intensas.

- **Riego.** Ha de ser abundante y no demasiado frecuente. Es importante cuidar que el terreno presente un buen drenaje para que no se encharque. Riega los rosales a primera hora de la mañana para que la tierra absorba la humedad y no aparezcan hongos.

- **Abono.** Potencia la floración con un abono específico. Elimina las rosas marchitas para dejar espacio para las nuevas.

- **Plagas y enfermedades.** Puede sufrir el ataque de plagas, como el pulgón y la araña roja, así como de hongos como el oídio, el mildiu y la roya.

# 5. PLANTAS BULBOSAS

La belleza de las bulbosas es indiscutible. Además de ser especies muy sencillas de cuidar, sus flores son muy bonitas y abarcan muchos colores. Tienes un sinfín de variedades para elegir y decorar tu jardín. Toma nota de las mejores.

NOMBRE
Anemone coronaria

UBICACIÓN
Exterior e interior

LUZ
Semisombra

RIEGO
Verano: a diario
Invierno: no regar

# ANÉMONA

Una de las características que convierten a la anémona en una planta especial es su maravillosa y abundante floración en varios colores (blanco, morado, rosa, etc.). Además, se da la circunstancia de que hay diversas variedades de anémonas, algunas de las cuales florecen en primavera, otras en otoño y otras que florecen en invierno cuando se cultivan como plantas de interior (en el jardín son de floración estival).

- **Luz.** Protégela de los rayos directos del sol plantándola en rincones de semisombra o, incluso, en zonas umbrías.

- **Temperatura.** Es una planta de climas templados. No tolera las heladas ni el frío extremo. En invierno puedes proteger las raíces con un acolchado.

- **Riego.** Debe ser regular, con una frecuencia diaria en verano, pero moderado. Es importante vigilar que el suelo esté siempre húmedo, pero no anegado.

- **Plagas y enfermedades.** Además de ciertos hongos que pueden provocarle enfermedades, la anémona es objetivo de diversas plagas, como pulgones, nematodos y gusanos.

NOMBRE
Lilium spp.
UBICACIÓN
Exterior
LUZ
Semisombra
RIEGO
Verano: cada 2 días
Invierno: 1 vez / semana

# AZUCENA

Si necesitas una planta bulbosa de floración tardía, apuesta por la azucena. Así podrás disfrutar de la belleza y colorido de sus flores una vez finalizada la primavera y casi inaugurado el verano. Tienen forma de trompeta y hacen gala de una gran variedad de colores y de un perfume embriagador.

- **Luz.** Aunque no te planteará muchas exigencias con respecto al sol, lo ideal es encontrar un rincón en semisombra, con la tierra protegida de los rayos solares, pero no así la planta, que puede disfrutar de la luz del sol.

- **Temperatura.** Le gustan los climas templados y es feliz entre los 18 y los 24 °C.

- **Riego.** Necesita un riego constante, procurando que el sustrato esté siempre húmedo. Evita los encharcamientos.

- **Abono.** Procura que el suelo contenga nutrientes, añadiendo materia orgánica si es necesario.

- **Plagas y enfermedades.** Le acechan el pulgón, el ácaro del bulbo o los trips. Los hongos son otro peligro habitual, igual que la clorosis férrica, que se produce por carencia de hierro.

NOMBRE
Dahlia spp.

UBICACIÓN
Exterior

LUZ
Pleno sol

RIEGO
Verano: 2 veces / semana
Invierno: 1 vez / semana

# DALIA

Originaria de México, la dalia es una planta de gran belleza de flores grandes, exóticas y muy aromáticas. Se convertirán en protagonistas del jardín gracias a su alegre colorido.

- **Luz.** Necesita mucha luz para crecer. Busca un lugar muy luminoso en tu jardín para ella. Puede estar a pleno sol.

- **Temperatura.** Prefiere los climas templados, pero aguanta el frío y las heladas suaves. Cuando el frío es extremo, conviene protegerla con un acolchado.

- **Riego.** Moderado en invierno y más frecuente en épocas de calor. Programa un riego semanal en primavera y duplica la frecuencia en verano. El sustrato debe estar siempre húmedo.

- **Abono.** La dalia florecerá más y mejor si le proporcionas los nutrientes que necesita. En invierno, añade materia orgánica al sustrato. En verano, en cambio, es mejor que uses un fertilizante para plantas de flor rico en potasio.

- **Plagas y enfermedades.** Los hongos, como el oídio y el mildiu, son un problema habitual. En cuanto a las plagas, suelen atacarle los saltamontes, caracoles y babosas.

**NOMBRE**
Freesia x hybrida

**UBICACIÓN**
Exterior

**LUZ**
Pleno sol y semisombra

**RIEGO**
Verano: a diario
Invierno: no regar

# FRESIAS

Entre los bulbos de otoño que florecen en primavera, destaca la fresia, una planta de flores atractivas de forma acampanada y perfume intenso.

- **Luz.** Estará perfecta en un rincón del jardín a pleno sol o, si el clima es caluroso, en un espacio con sombra parcial.

- **Temperatura.** La fresia no soporta las temperaturas extremas: ni el excesivo calor en verano ni el frío intenso en invierno.

- **Riego.** Cuando plantes los bulbos, siempre con la punta hacia arriba, tendrás que regar el sustrato en profundidad y después mantenerlo húmedo hasta que brote la planta. Es importante que el drenaje sea adecuado para que el terreno no se encharque.

- **Abono.** Aporta un fertilizante adecuado unas semanas antes de la floración.

- **Plagas y enfermedades.** Es una planta que resiste muy bien el ataque de insectos y plagas.

NOMBRE
Gladiolus spp.
UBICACIÓN
Exterior
LUZ
Pleno sol
RIEGO
Verano: a diario
Invierno: no regar

# GLADIOLO

Las flores del gladiolo, de variados y bellos colores, crecen en forma de varas o tallos largos que pueden llegar a medir dos metros.

- **Luz.** El gladiolo necesita 12 horas de sol directo para florecer. Así, pues, debe estar en una ubicación muy luminosa.

- **Temperatura.** Le gustan los ambientes cálidos, con temperaturas que oscilen entre 10 y 25 °C.

- **Riego.** Como gran parte de las plantas bulbosas, riega el gladiolo de forma abundante cuando plantes el bulbo y después ve reduciendo el aporte de agua hasta que brote la planta. Mantén el sustrato siempre húmedo.

- **Abono.** Cada tres semanas, una vez que la planta haya alcanzado cierta altura.

- **Plagas y enfermedades.** Trips y pulgones son los insectos que atacan especialmente al gladiolo. Si aparecen, combátelos con insecticida. Vigila también la aparición de enfermedades causadas por hongos, como la fusariosis o la botritis.

**NOMBRE**
Hyacinthus spp.
**UBICACIÓN**
Exterior
**LUZ**
Semisombra
**RIEGO**
Verano: 2 veces / semana
Invierno: 1 vez / semana

# JACINTO

El jacinto es una planta muy bella. Si te decides a cultivarla en tu jardín, no te planteará mayor problema que establecer una pauta de riego que le resulte adecuada. Solo tendrás que disfrutar de su espectacular floración.

- **Luz.** El jacinto debe plantarse en un espacio de sombra parcial, ya que el sol directo podría quemar sus flores.

- **Temperatura.** Prefiere los climas cálidos, por lo que deberás protegerlo del frío invernal y de las heladas.

- **Riego.** La frecuencia dependerá del clima. Lo importante es mantener el sustrato húmedo, evitando los encharcamientos. Por lo general, una vez que haya florecido el bulbo, tendrás que regar el jacinto dos veces a la semana.

- **Abono.** Utiliza un abono para plantas bulbosas justo antes de que florezca la planta.

- **Plagas y enfermedades.** El nematodo de los bulbos es la principal plaga que ataca al jacinto. También pueden afectarle enfermedades como la podredumbre de los bulbos como consecuencia de la acción de diversos hongos.

NOMBRE
Narcissus spp.
UBICACIÓN
Exterior e interior
LUZ
Semisombra
RIEGO
Verano: a diario
Invierno: no regar

# NARCISO

¿Estás buscando una bulbosa que alegre tu jardín en invierno? El narciso, con su temprana floración, puede ser la planta perfecta. Además, resulta muy sencilla de cuidar, ya que se adapta a la mayoría de climas y suelos.

- **Luz.** Si quieres que florezca pronto, el narciso debe estar expuesto a la luz del sol. De lo contrario, tardará mucho tiempo en florecer.

- **Temperatura.** Prefiere los climas de temperaturas suaves. No tolera el frío intenso.

- **Riego.** El narciso necesita un aporte abundante y frecuente de agua, pero vigilando que no se encharque el terreno. Si esto sucede, los bulbos correrían el riesgo de pudrirse.

- **Plagas y enfermedades.** La mosca del narciso suele atacar a esta planta a comienzos del verano, echando a perder los bulbos. En lo que a enfermedades se refiere, el narciso es sensible a la podredumbre del cuello por el hongo *fusarium*, que afecta a las raíces y a la base del tallo.

NOMBRE
Tulipa spp.
UBICACIÓN
Exterior
LUZ
Pleno sol
RIEGO
Verano: 2 veces / semana
Invierno: no regar

# TULIPÁN

Si pensamos en una planta bulbosa por excelencia, enseguida nos viene a la cabeza el tulipán. Sus bulbos se plantan en otoño para que florezcan al llegar la primavera. Es entonces cuando surge la flor del tulipán, bellísima, con un amplio repertorio de colores.

- **Luz.** El tulipán debe cultivarse en una zona con sol, porque necesita bastante luz para crecer y desarrollarse. Planta los bulbos con la parte puntiaguda hacia arriba.

- **Temperatura.** A esta planta no le gusta pasar calor y este aspecto es importante, ya que puede influir en la floración. Su rango de temperatura ideal es entre 13 y 16 °C y tolera bien el frío intenso.

- **Riego.** Aporta agua con moderación, manteniendo el sustrato húmedo, pero sin anegar el terreno. Antes de plantar los bulbos, asegúrate de que el sustrato tiene buena capacidad de drenaje para que crezcan bien.

- **Abono.** Una vez que hayan brotado los incipientes tulipanes lo mejor es proporcionarles abono una vez al mes.

# 6. PLANTAS QUE NECESITAN POCA AGUA

Si vives en una zona de clima cálido y pocas lluvias, conviene que elijas plantas capaces de desarrollarse en situaciones de escasez hídrica. Puedes optar por algunas de las recomendadas en el apartado sobre crasas y suculentas, pero hay muchas otras plantas adecuadas, como las que se indican a continuación.

NOMBRE
Cistus ladanifer
UBICACIÓN
Exterior
LUZ
Pleno sol
RIEGO
Verano: 2 veces / semana
Invierno: 1 vez / semana

# JARA COMÚN

Es una planta arbustiva muy típica de las zonas de clima mediterráneo, donde crece de forma espontánea. Si quieres cultivarla en el jardín, procura que tenga un suelo bien drenado. Florece desde la primavera hasta el final del verano. Sus flores son grandes, de 5 a 10 cm, con una mancha roja muy característica y cinco pétalos.

- **Luz.** Si la ubicas a pleno sol, conseguirás una floración más abundante. También vive bien en semisombra.
- **Temperatura.** Protégela en invierno del frío, ya que no lo resiste bien.
- **Riego.** Ocasional. No le gustan los terrenos encharcados. Por el contrario, soporta la sequía sin problemas. El agua de riego deberá ser ácida (con un pH de entre 4 y 6). Si tiene mucha cal, puedes añadirle el zumo de medio limón a 1 litro de agua para regar.
- **Plagas y enfermedades.** Los brotes de la jara son un manjar para los pulgones, que son la plaga más habitual que suele atacar a esta planta.

**NOMBRE**
Pittosporum tobira

**UBICACIÓN**
Exterior

**LUZ**
Pleno sol y semisombra

**RIEGO**
Verano: 2 veces / semana
Invierno: 1 vez / 15 días

# PITOSPORO

Esta planta de porte arbustivo posee unas ramas frondosas con hojas verde brillante. En primavera aparecen las flores, de color blanco o amarillo claro, muy aromáticas. El pitosporo es muy adecuado para formar setos en el jardín.

- **Luz.** Puede crecer a pleno sol o en sombra parcial.

- **Temperatura.** Protégela en invierno de las heladas intensas.

- **Riego.** Es una especie rústica que tolera muy bien la sequía. Debes regarla muy escasamente en invierno y aumentar un poco el aporte de agua en verano.

- **Abono.** Al llegar la primavera, conviene fertilizar la planta con un abono líquido adecuado.

- **Plagas y enfermedades.** Las más habituales son el pulgón y la cochinilla. En cuanto detectes los primeros signos de su ataque, combátelos con un insecticida específico.

# 7. ARBUSTOS

Los arbustos son un elemento destacado en el diseño de las zonas exteriores. Te ayudan a crear un seto perimetral, una pantalla vegetal para protegerte de miradas indiscretas o, simplemente, a enmarcar alguna zona determinada.

**NOMBRE**
Ligustrum vulgare
**UBICACIÓN**
Exterior
**LUZ**
Pleno sol y semisombra
**RIEGO**
Verano: 1 vez / semana
Invierno: 1 vez / 15 días

# ALIGUSTRE

Es un arbusto de porte elegante y hoja caduca de un intenso color verde. Utilízalo para crear pantallas y setos frondosos, y también para decorar la entrada a tu jardín. Florece a finales de la primavera con pequeñas flores blancas.

- **Luz.** No es una planta exigente en lo que a exposición solar se refiere. Crece bien a pleno sol, pero también en semisombra. Incluso sobrevive en rincones con sombra.
- **Temperatura.** El aligustre ama las temperaturas medias y no soporta bien las extremas; tanto del frío como del calor intensos, tendrás que protegerlo en lo posible.
- **Riego.** El aporte de agua debe ser regular. No esperes a que el terreno se seque demasiado ni te excedas con el riego, para que no se encharque el sustrato.
- **Abono.** Le vendrá bien un aporte de material orgánico en primavera.
- **Plagas y enfermedades.** Es sensible al ataque de pulgones y cochinillas.
- **Poda.** Necesitará que lo podes dos o tres veces al año.

**NOMBRE**
Calluna vulgaris
**UBICACIÓN**
Exterior
**LUZ**
Sol indirecto
**RIEGO**
Verano: 3 veces / semana
Invierno: 1 vez / semana

# BREZO

Elegir el brezo como arbusto para el jardín será siempre una buena idea. No solo es muy fácil de cultivar, sino que florece en invierno, lo que es un aliciente muy interesante. A finales de año se llena de racimos de pequeñas flores de color lila muy perfumadas. Además, es un arbusto que atrae a las abejas (la miel de brezo es una de las mejores), que polinizarán las plantas, con el beneficio que ello supone para el jardín.

- **Luz.** Necesita bastante luz, pero sin recibir los rayos del sol de forma directa.

- **Temperatura.** El brezo soporta bien el frío del invierno.

- **Riego.** Necesita humedad constante en el sustrato, pero sin que haya encharcamientos. Riégalo tres o cuatro veces a la semana en los meses más calurosos del año. Utiliza agua blanda, pues no le gustan las aguas duras, con mucha cal.

- **Abono.** Le vendrá bien un aporte orgánico a principios de la primavera y otro cuando haya finalizado el verano.

# BOJ

**NOMBRE**
Buxus
sempervirens

**UBICACIÓN**
Exterior

**LUZ**
Semisombra

**RIEGO**
Verano:
cada 2 días
Invierno:
1 vez / semana

El boj es un arbusto de hoja perenne muy resistente que resulta perfecto para formar setos en el jardín.

- **Luz.** Prefiere estar en semisombra que tener sol directo.

- **Temperatura.** Tolera mejor el frío que el calor, por lo que debes protegerlo de las altas temperaturas del verano regándolo más frecuentemente.

- **Riego.** En invierno debe ser escaso. En verano conviene aumentarlo vigilando que no se seque el sustrato, evitando asimismo los encharcamientos.

- **Abono.** Utiliza un fertilizante para plantas verdes siguiendo las recomendaciones del fabricante en cuanto a la dosis y al período de abonado.

- **Plagas y enfermedades.** El boj es muy sensible al ataque de diversos hongos. Controla la humedad y, si aparecen manchas en las hojas, utiliza un fungicida para hacerlos desaparecer.

- **Poda.** Es de crecimiento lento, por lo que los setos de boj no requieren de una poda constante.

**NOMBRE**
Cotoneaster horizontalis
**UBICACIÓN**
Exterior
**LUZ**
Pleno sol y semisombra
**RIEGO**
Verano: 2 veces / semana
Invierno: 1 vez / 10 días

# COTONEASTER

Las hojas del cotoneaster son de color verde oscuro, y sus pequeñas flores, que surgen en verano, son rosadas. Pero quizá su mayor encanto sean sus bayas rojas, que llenan sus ramas en otoño e invierno.

- **Luz.** Soporta la ubicación a pleno sol, pero también crecen perfectamente en zonas de semisombra.

- **Temperatura.** Se adapta bien a todo tipo de climas, aunque prefiere los que son moderados, más que los muy extremos.

- **Riego.** Es conveniente regar de forma regular el cotoneaster, procurando no encharcar el terreno. En verano, cuando el calor aprieta, es importante aumentar el riego a dos veces por semana.

- **Abono.** Emplea un fertilizante de tipo orgánico para aportar nutrientes a la planta al llegar la primavera y hasta que finalice el verano.

- **Plagas y enfermedades.** Pulgones, cochinillas y arañas rojas son las plagas que atacan al cotoneaster con mayor frecuencia. Si el sustrato está muy húmedo, pueden aparecer hongos.

# DURILLO

**NOMBRE**
Viburnum tinus
**UBICACIÓN**
Exterior
**LUZ**
Pleno sol
o semisombra
**RIEGO**
Verano:
cada 2 días
Invierno:
cada 5 días

¿Necesitas un arbusto resistente para tu jardín que, además, lo decore con sus flores? El durillo es una buenísima opción, porque resulta muy bello y no requiere de grandes cuidados. Florece a finales del otoño y adorna el jardín en invierno. Sus flores pequeñas son de color blanco y rosado, y surgen formando ramilletes.

- **Luz.** Plántalo en un lugar a pleno sol o en semisombra.

- **Temperatura.** Tolera un rango amplio de temperaturas, aunque debes protegerlo de los vientos fuertes. Una buena ubicación sería colocarlo, por ejemplo, al abrigo de un muro.

- **Riego.** Debe ser moderado. Evita encharcar el terreno.

- **Abono.** Durante la primavera y el verano, puedes fertilizar la planta con un abono específico, respetando las dosis recomendadas por el fabricante.

- **Plagas y enfermedades.** Es muy resistente, pero en ocasiones puede aparecer el pulgón u hongos como el oídio (en este caso, deberás emplear un fungicida).

**NOMBRE**
Juniperus communis

**UBICACIÓN**
Exterior

**LUZ**
Pleno sol y semisombra

**RIEGO**
Verano: 2 veces / semana
Invierno: 1 vez / 15 días

# ENEBRO COMÚN

Se trata de una conífera de tamaño reducido y crecimiento muy lento. Sus hojas perennes son finas y puntiagudas. Produce unos frutos parecidos a las bayas, de color azul oscuro cuando están maduros, que se emplean en gastronomía.

- **Luz.** Plántalo a pleno sol, aunque también tolera la sombra parcial.

- **Temperatura.** Es muy resistente al frío y al calor, a las heladas y a los vientos fuertes.

- **Riego.** Es un árbol capaz de resistir la sequía, por lo que tendrás que regarlo moderadamente. Por otra parte, no soporta el exceso de riego, ya que las raíces se pudren con facilidad.

- **Abono.** Le vendrá bien un aporte de materia orgánica en primavera o en otoño.

- **Plagas y enfermedades.** Se trata de una planta resistente a las plagas. Es más sensible al ataque de los hongos, que pueden aparecer en caso de exceso de riego.

NOMBRE
Pyracantha coccinea

UBICACIÓN
Exterior

LUZ
Pleno sol y semisombra

RIEGO
Verano: 3 veces / semana
Invierno: 1 vez / semana

# ESPINO DE FUEGO

Es un arbusto de hoja perenne que hace gala de una belleza muy especial, gracias a su floración y a sus frutos. A inicios del verano, se llena de flores blancas, pero lo que realmente le convierte en un arbusto ornamental son sus bayas, muy abundantes, que aparecen en otoño y duran todo el invierno. Pueden ser rojas, naranjas o amarillas.

- **Luz.** Le gusta estar a pleno sol, pero también crece adecuadamente en zonas de sombra parcial.

- **Temperatura.** Se adapta bien a todo tipo de climas. En invierno es capaz de resistir las heladas.

- **Riego.** Debe ser escaso. El espino de fuego soporta la sequía sin problemas.

- **Plagas y enfermedades.** Le pueden atacar pulgones, ácaros, cochinillas y orugas. También es sensible a hongos, como la roya y el oídio.

- **Poda.** Necesita una poda anual de limpieza, para retirar las ramas secas y todas aquellas que estén dañadas.

NOMBRE
Photinia x fraseri "Red Robin"
UBICACIÓN
Exterior
LUZ
Pleno sol
RIEGO
Verano: 2 veces / semana
Invierno: 1 vez / semana

# FOTINIA

Es un arbusto perfecto para plantar en grupo o en maceteros y crear setos en tu jardín. Además, es muy resistente, por lo que no tendrás que prestarle mucha atención. Sus hojas adquieren un bonito color rojo en primavera.

● **Luz.** Para intensificar el color rojizo de las hojas, debes plantar la fotinia en una ubicación soleada.

● **Temperatura.** Prefiere los climas templados, ya que no tolera bien las altas temperaturas de los veranos demasiado calurosos.

● **Riego.** Riégala de forma moderada, unas dos o tres veces a la semana.

● **Abono.** A finales del invierno, conviene añadir materia orgánica al terreno.

● **Plagas y enfermedades.** La fotinia puede verse afectada por algunos hongos que provocan manchas en sus hojas. Utiliza un fungicida específico para combatirlos.

# 8. ÁRBOLES PARA TU JARDÍN

Los árboles aportan mucha personalidad al jardín. Elige las especies que más te convengan en función del espacio disponible y de las características del cultivo. Tienes un interesante repertorio para elegir.

NOMBRE
Betula pendula
UBICACIÓN
Exterior
LUZ
Pleno sol y semisombra
RIEGO
Verano: 2 veces / semana
Invierno: 1 vez / mes

# ABEDUL COMÚN

Este árbol ornamental de hoja caduca y crecimiento rápido posee un característico tronco de corteza blanquecina.

- **Luz.** Para crecer en plenitud, necesita estar expuesto al sol.

- **Temperatura.** Prefiere las temperaturas frías al calor excesivo. Es resistente a las heladas y a los vientos fuertes, por lo que es ideal para zonas de inviernos rigurosos y veranos frescos.

- **Riego.** Debe ser abundante y frecuente. Mantén el suelo húmedo.

- **Abono.** Es recomendable enriquecer el suelo con materia orgánica al menos una vez al año.

- **Plagas y enfermedades.** Pulgones y escarabajos son los insectos que suelen atacar al abedul. Además, es sensible a algunos hongos, como la roya, que le pueden causar ciertas enfermedades. Si esto sucede, es necesario combatirlos con un fungicida.

- **Poda.** Conviene una poda de formación de vez en cuando.

NOMBRE
Acer palmatum

UBICACIÓN
Exterior

LUZ
Semisombra

RIEGO
Verano: 3 veces / semana
Invierno: 2 veces / semana

# ARCE JAPONÉS

Muy habitual en los jardines domésticos por su tamaño reducido, el arce japonés es un árbol de gran belleza y crecimiento lento. Al llegar el otoño, sus hojas adquieren un color espectacular con matices amarillos y rojizos muy intensos. Puede cultivarse en maceta, siempre que sea trasplantado cada dos años.

● **Luz.** Prefiere los lugares con sombra parcial, ya que no le gusta recibir los rayos directos del sol.

● **Temperatura.** Le gustan los climas húmedos y poco soleados.

● **Riego.** Debe ser abundante en verano, para ayudarle a combatir las altas temperaturas. En invierno será suficiente con un riego semanal.

● **Plagas y enfermedades.** Le suelen atacar orugas, pulgones y cochinillas.

**NOMBRE**
Punica granatum
**UBICACIÓN**
Exterior
**LUZ**
Pleno sol y semisombra
**RIEGO**
Verano: 1 vez / 15 días
Invierno: 1 vez / mes

# GRANADO

Se trata de un árbol de pequeño tamaño y hoja caduca de color verde intenso. En primavera y hasta finales de verano, hace gala de unas flores rojas grandes y muy bellas.

- **Luz.** Necesita mucho sol para crecer adecuadamente.

- **Temperatura.** Aunque en invierno puede aguantar el frío extremo, el granado prefiere los climas suaves y templados, ya que no tolera bien las heladas tardías, que pueden dar al traste con su floración temprana.

- **Riego.** Soporta bien la sequía pero, para dar fruto, necesita un riego abundante.

- **Abono.** No es demasiado exigente para el abonado, pero agradecerá que le proporciones un aporte de materia orgánica en primavera.

- **Plagas y enfermedades.** Le suelen atacar el pulgón y la cochinilla. También puede sufrir botritis, una enfermedad causada por el hongo *Botrytis cinerea*, bastante frecuente.

- **Poda.** Realiza una poda anual de limpieza a finales del invierno.

# LIMONERO

Es una opción perfecta para el jardín: además de ser un árbol muy decorativo, es fácil de cultivar y sus flores destilan un rico aroma.

- **Luz.** Necesita mucha luz para crecer y desarrollarse en plenitud.

- **Temperatura.** Es bastante sensible al frío, así que debes evitar las heladas.

- **Riego.** El limonero requiere dos o tres aportes de agua semanales en primavera y verano. En otoño e invierno bastará con un riego semanal. Es importante evitar encharcamientos.

- **Abono.** Necesita un buen abonado. Proporciónale un aporte de materia orgánica al año y también un fertilizante mineral.

- **Plagas y enfermedades.** Vigila la aparición de insectos como pulgones, cochinilla, araña roja o minadores de los cítricos. También puede afectarle el hongo *phytophthora*.

- **Poda.** Es importante realizar una poda anual para eliminar ramas viejas y deterioradas.

**NOMBRE**
Citrus x limon

**UBICACIÓN**
Exterior

**LUZ**
Pleno sol

**RIEGO**
Verano:
2-3 veces /
semana
Invierno:
1 vez / semana

**NOMBRE**
Magnolia grandiflora
**UBICACIÓN**
Exterior
**LUZ**
Semisombra
**RIEGO**
Verano: 4 veces / semana
Invierno: 2 veces / semana

# MAGNOLIO

Es un árbol muy popular y decorativo, cuya floración arranca a finales de la primavera y puede durar todo el verano, y presenta unas flores grandes y muy ornamentales. Aunque crece lentamente, puede alcanzar un gran tamaño, por lo que no es muy indicado para espacios pequeños.

- **Luz.** Plántalo en una zona de semisombra, ya que no le gusta estar a pleno sol.

- **Temperatura.** Resiste bien el frío y las heladas, pero no ocurre lo mismo con el calor: no le gustan las temperaturas de más de 30 °C.

- **Riego.** Riega el magnolio tres o cuatro veces a la semana durante el verano, y algo menos el resto del año.

- **Abono.** Enriquece el suelo con un buen aporte de materia orgánica una vez al año.

- **Plagas y enfermedades.** El magnolio es muy sensible al ataque del pulgón. Si aparece, tendrás que combatirlo con un insecticida sistémico.

**NOMBRE**
*Olea europaea*
**UBICACIÓN**
Exterior
**LUZ**
Pleno sol
**RIEGO**
Verano: 2 veces / semana
Invierno: 1 vez / semana

# OLIVO

Es uno de los árboles más bellos para plantar en un jardín, ya que resulta resistente y no crece de forma desmesurada. Necesita pocos cuidados para estar esplendoroso, lo que siempre es una ventaja.

- **Luz.** Plántalo en un lugar donde esté bien expuesto al sol.
- **Temperatura.** El olivo se adapta perfectamente a todo tipo de climas, aunque prefiere las temperaturas cálidas. Es capaz de soportar las heladas invernales.
- **Riego.** Tolera muy bien la sequía, y necesita muy poco riego. Es muy importante que el suelo esté siempre bien drenado.
- **Abono.** Necesita un abonado con materia orgánica una vez al año.
- **Plagas y enfermedades.** Es sensible al ataque de ciertos insectos, como la mosca del olivo o la cochinilla. Un tratamiento con un insecticida adecuado será suficiente para controlar el problema.